DUXE

Manipulation politique des associations noires de France

Editions Canaan

À la mémoire d'André et Paula Kabeya.

À la mémoire des victimes de Paris, 2015 et des innocents de la barbarie des cités oubliés car ne suscitant pas assez d'intérêt de la part des médias afro.

Pour Loic Kamtchouang et tous les autres.

Veuillez vous habituer à l'utilisation du néologisme *«diasporant»* tout au long de l'ouvrage.

VKY

Avant-propos

Il n'y a pas d'immigration, mais des migrations. Des vagues, des hommes, des femmes, tous arrivés à des périodes différentes.

J'appartiens à la troisième génération, celle des malheureux, celle à qui la parole n'est pas donnée. Ces hybrides déjà bien assimilés à la culture européenne, malgré la violence du passé historique. Je fais partie des descendants des valeureux grands-parents qui ont bravé la souffrance, la discrimination et la ségrégation coloniale pour notre confort. Ceux-là aussi n'ont pas eu le droit de s'exprimer. Ces «pionniers», arrivés entre les années 1940 et 1960, que les autres diasporants[1] ignorent.

Cet essai devait être au départ un pamphlet contestataire à l'encontre des associations noires françaises et des intellectuels «afrodescendants» que les partis de gauche et de droite nous ont successivement imposé au cours des trente dernières années dans le seul but de nous écarter et de nous auto-isoler de la vie sociale et politique du pays. Je m'apprêtais donc à le publier au début du mois de novembre 2015, jusqu'au jour où les événements tragiques survenus lors

---

1   [1]Membre de la diaspora africaine subsaharienne.

des attentats de Paris ont changé mes plans.

Bouleversée, abattue, comme bon nombre d'Européens, je n'avais plus le goût de vivre, de rire, plus d'énergie pour penser. Tout me paraissait superflu, les plaintes communautaires, l'ethnocentrisme, «la course à la souffrance», les jérémiades des ensembles religieux, ainsi que cette « peste » d'antiracisme. La France, et non la République, était attaquée, visée en plein cœur. Comment avons-nous pu en arriver là? Comment avons-nous pu atteindre ce point de non-retour?

Voilà donc ma seule préoccupation. La haine et le dégoût ont laissé place à la tristesse dans mon âme, et désormais je suis convaincue qu'aucun problème n'est insoluble, tout n'est qu'égoïsme et profit lorsque le combat collectif n'existe plus. Tel est l'esprit de cet essai à mes yeux : impuissant.

Je ne citerai personne, ne m'appuierai sur aucune théorie; mon plus grand désir étant celui d'écrire ce que je vois, ce que les élites noires nous imposent, afin de vous faire part de l'inutilité de la diaspora africaine, qui, née dans l'échec, ne peut subsister seule, car elle est éternellement figée dans la sphère de la contrainte et dans l'attache à une autre entité culturelle étrangère en vue de survivre. Mes pensées sont aussi un témoignage de ma vie, de l'ancienne plaintive communautaire que je fus jadis. J'étais bien jeune, il est vrai, mais je m'en suis sortie à temps. Si vous saviez combien d'entre eux se laissent emprisonner dans le passé, dans la souffrance historique inconnue, dans une spirale autodestructrice infernale.

Certains sont aveuglés, par leurs parents, leurs amis, ou simplement manipulés par ces associations noires panafricaines, afros féministes ou pires encore, antiracistes. Les autres, eux, ont leurs propres intérêts et propagent le poison de la pensée, ils sont des forteresses maléfiques qui empêchent les plus influençables d'avancer, de s'émanciper et de se libérer du carcan « black », « afro » et « noir ».

Ces paroles sont miennes, et elles sont une voix qui s'élève afin de mettre un terme à cette dictature communautaire que je n'ai pas choisie. Les micro-agressions supposées et qualifiées de racistes ne peuvent être considérées comme telles. Mais, ici-bas, chacun veut sa « part du gâteau ». Alors la haine, la violence et la vengeance d'un passé que nous n'avons jamais connu deviennent les nouvelles armes des « racisés ». Ce livre est ma réponse à tous ces frères de couleur, à tous ces hypocrites qui ont longtemps menti, ont feint la solidarité, et ont été bien incapables de soutenir, de publier et de présenter au monde le travail des chercheurs qui, comme moi, ne vont pas dans le sens de la pensée communautaire dominante. À ceux-là, je dis que désormais les Africains français ne sont plus ma famille d'adoption. Je n'ai que des frères d'armes.

Que les sympathisants du Rassemblement National, que les gauchistes paternalistes et les républicains se gardent de récupérer mes propos à leur avantage.

Introduction

Parce qu'elles n'ont jamais vécu la moindre violence au cours de l'Histoire, les associations, qui diffèrent probablement aux yeux du monde par leur degré d'extrémisme variable, se rapprochent toutes par leur caractère dissociatif. Les leaders soutenus par leurs membres se nourrissent uniquement de « l'à peu près », et évoluent dans le rêve et l'utopie la plus totale.

Aucun de ces dirigeants n'a conscience de la réalité et ne peut, par conséquent, adapter sa pensée sur le long terme, car ils sont bien trop souvent impulsifs et assoiffés de pouvoir.

Qu'elles soient panafricaines, afroféministes ou tout simplement antiracistes, les associations partagent les mêmes objectifs : elles s'accaparent une cause sociale grave venue de l'étranger, exploitent la souffrance quotidienne de leurs adhérents et servent de porte-voix à la masse diasporante perdue et adepte du prêt-à-penser. Le diasporant, soit l'alibi à la cause exploitable, à l'expérience indispensable pour celui qui désire la défendre, s'est lui-même dépouillé du droit de réfléchir qu'il confère aux associatifs, désormais maîtres de son destin. À cette manipulation acceptée et voulue s'ajoute le facteur racial qui scelle le sort de l'adhérent : la communauté prime sur l'individu qui ne peut réfléchir par lui-même, se trouvant dans l'obligation de se taire afin de protéger ses « frères » menacés d'être détruit par celles extérieures et présentées comme hostiles.

Là réside la particularité entre le leader associatif et son adepte. Le premier s'octroie l'expérience réelle, misérable et pénible de l'adepte le plus malheureux (dans notre cas le diasporant) pour justifier ses propos obsolètes et légitimer sa position d'être supérieur.

Le diasporant/adhérent devient donc dans ce cas coupable, car en plaçant son pouvoir entre les mains du leader, il se nie lui-même, en se dépouillant du pouvoir de la pensée et de la parole, car il désire qu'un autre le fasse à sa place, par peur de subir la colère du groupe, celle-ci s'avérant bien plus violente que celle qui émanerait de la communauté extérieure et étrangère. Et ce faisant, il se place dans l'attente. Par sa soumission à la communauté et par peur du regard de l'autre ou par simple oisiveté, il ouvre la voie à la manipulation, que l'on peut également qualifier de terrorisme de la pensée. Cependant, nul ne peut tromper l'Histoire, car cette dernière est source de toute cause défendable.

Or, la majorité des causes défendues par les associations noires toutes confondues sont illégitimes, car elles ne leur sont pas propres et proviennent toujours de l'extérieur et sont, par conséquent, vouées à l'échec. La lutte contre la discrimination, autrefois légitime aux États-Unis et en Afrique, qui prit son essor dans les années 1960, est désormais présentée comme un jeu, un combat amusant qui satisfait l'égo. C'est une guerre exempte de tous ses inconvénients.

Le combat a pour seul objectif la glorification de l'égo surdimensionné du leader qui, arrogant et faussement humble, croit être indispensable au monde qui s'écroulerait sans lui.

Privilégié, il sait qu'il ne subira jamais la torture ou l'emprisonnement abusif, mais la lutte menée lui confère la sensation d'être un guerrier supérieur à n'importe quel individu. Ayant perdu le sens de la réalité, l'être soustrait sa souffrance personnelle et ses frustrations à l'affrontement irréel à laquelle se mêlera son mal-être causé par un passé douloureux ou bien par la haine de soi, qui n'aurait aucun lien avec le racisme ou la discrimination.

Dans un premier temps, ces luttes proviennent essentiellement de l'étranger, plus spécifiquement des États-Unis. Puis, elles parviennent à être facilement récupérées par le biais de stratégies enracinées dans l'émotivité extrême suscitée par la surenchère d'une violence d'un passé révolu.

Pour cette raison, les luttes touchent directement les cœurs des diasporants, à travers elles, ils retrouvent certaines similitudes. Ainsi, les idéologies promues par les associatifs se changent en mode de vie et de pensée pour les adhérents. Pourtant, ces associations perçues comme un refuge pour les diasporants autodépouillés ne peuvent être considérées comme authentiques, n'étant en aucun cas variées, ouvertes aux autres, ni polyvalentes. Elles servent de couverture à une élite française d'origine africaine cherchant, par tous les moyens nécessaires, à unir ses forces afin de mettre en place une nouvelle bourgeoisie «noire» en France, à l'image de celle établie au début du XXe siècle par les Noirs américains aux États-Unis. L'association, quant à elle, n'est qu'une plateforme qui justifie l'exploitation de la souffrance du peuple, vécue par quelques adhérents, pour l'avantage des leaders. Les abusés ne sont plus des colonisés, mais des gens issus de la misère des banlieues, aujourd'hui dirigés par des leaders africains et antillais à la logique incohérente et issus de milieux eux-mêmes pauvres. Déracinés, socialement exclus en raison de la pauvreté, les adhérents/diasporants peinent à remarquer l'obsolescence, l'anachronisme et l'inutilité des luttes entreprises.

Cette résistance idéologique improbable, toujours étrangère, est présentée comme une solution à un monde statique, délimité, encore soumis à l'ancien régime colonial, mais les leaders associatifs ne délaissent pas pour autant la jouissance de l'exploitation du mondialisme afin d'imposer une vision transnationale et globale de la mouvance noire mondiale. Ce transnationalisme passivement soutenu visera à affirmer la prolifération des membres des associations.

Se revendiquant Africains avant d'être Européens, ils méprisent les traditions occidentales et africaines, et dénigrent les Africains «locaux», l'objectif étant de former une nouvelle élite panafricaine qui profiterait de privilèges sur le continent noir, au même titre que les Blancs.

Les diasporants sont prisonniers du temps et piégés par leurs codes improbables, devenant des monstres de l'irréel, de la violence du passé inconnu. Le métissage interafricain en France a fait d'eux des mercenaires apatrides, qui, dans le futur, régionaliseront les États d'Afrique.

Cet essai a pour but de déconstruire la plainte illégitime de ces diasporants antiracistes aux idées nauséabondes, auxquelles personne ne semble mettre un terme par peur de représailles, de poursuites judiciaires ou bien de violence physique, tout simplement. Comment et par quels moyens les associations sont-elles parvenues à établir une alternative efficace au racisme injustifié par une agression psychique constante de l'autre ?

Voilà la raison pour laquelle ce livre vise à attaquer ces associations qui comptent en leur sein des milliers d'adhérents. Penchez-vous sur cette étude en gardant à l'esprit que mes mots sont le témoignage d'un constat alarmant quant au pitoyable sort de la diaspora africaine en France.

Ancienne «plaintive» communautaire, étant un pur produit de l'antiracisme promu par la gauche, j'ai appris, grâce au fruit spirituel qu'est la patience, à user de mon expérience, des mes différentes rencontres et de mes observations afin de disséquer le fonctionnement maléfique, d'ordre psychologique, des leaders des mouvements associatifs en vue d'étendre leur influence néfaste sur la majorité minoritaire isolée du reste de la population française. Il n'y a donc aucune hiérarchie dans la culpabilité, les groupements et les diasporants sont tous responsables, car les deux catégories y trouvent leur intérêt : celui de la destruction des valeurs françaises traditionnelles, l'accusation continuelle contre l'homme blanc affaibli, dépouillé, dépourvu de son identité et de son pouvoir sur sa propre terre, mais surtout celui de l'éradication de l'expérience des immigrés africains à l'intégration parfaitement réussie, soit les descendants des « pionniers ».

Issus des couches sociales africaines les plus privilégiées, ces descendants d'étudiants africains francophones se retrouvent aujourd'hui disséminés, cachés, évoluant en autarcie, car très bien assimilés, prospères, et se sentant bien trop différents des immigrés issus des deuxième et troisième vagues, arrivées entre les années 1970 et les années 1990. Accusés de se comporter comme des Blancs et d'avoir trahi l'Afrique, ces derniers sont le seul modèle d'intégration pour immigrés du « Regroupement familial », de l'ouverture économique et de la misère qui constitue la condition de la majorité des migrants.

Ceux qui, par l'échec de leur condition, ont détruit et ravi la place des premiers arrivés à qui ils ont imposé leur expérience catastrophique promue par la gauche. L'intérêt du pouvoir socialiste dans la maintenance de ces associations réside dans le fait qu'ils sont des « nettoyeurs », des professionnels de la destruction, du mélange forcé et de l'éclatement des normes sociales, identitaires, culturelles et historiques.

Que les diasporants panafricains haineux, les traîtres, se retiennent de cracher leur venin immonde. La diaspora, je ne l'ai pas choisie, je la subis tous les jours. Il m'est à présent impossible de repartir en arrière, de remonter le temps et d'empêcher mes grands-parents de quitter leur terre. L'Histoire en a décidé autrement pour moi. Puisqu'il faut laisser des traces pour nos descendants, alors je publie ce petit ouvrage afin qu'ils sachent que certains ont cherché et écrit. Ce livre sera le premier d'une nombreuse série, je l'espère, et je le dédie aux vaillants, à mes parents et à tous les malheureux de la troisième génération, tous ceux qui subissent ces autres. Espérons qu'un nouveau jour se lève et que bientôt nos voix ne seront pas censurées par ces associations panafricaines et antiracistes qui tuent cette communauté au lieu de l'élever. Cet essai sera le premier d'une longue série de travaux de recherche. Ces mots sonnent pour moi comme la fin d'un cycle et le commencement de l'ordre dont nous nous languissions tous tant.

I. Calvaire et Malheur

Calvaire, du latin *calvarium*, prend racine dans la liturgie chrétienne. L'origine du nom, *calva*, que l'on pourrait traduire par «crâne», est une référence claire aux supplices endurés par Jésus-Christ sur la colline du Golgotha. Dans un premier temps, il exprime l'idée d'une suite de souffrances semblables à celles d'un supplicié. En ce sens, ce nom, par sa définition, est bien plus fort et se

différencie, par conséquent, du malheur.
Les deux termes ne peuvent concorder,
car l'un (le calvaire) fait état d'une
souffrance insupportable et continuelle,
tandis que l'autre (le malheur) souligne
l'aspect temporellement limité et furtif de
la souffrance. Un désastre peut s'abattre
sur vous en cas de perte d'un être cher, de
maladie, ou bien par l'intermédiaire d'une
personne qui vous porterait malchance.

Cependant, ce malheur peut devenir un calvaire si une succession de mauvais événements entraînent indéfiniment l'individu dans le supplice. Ce sont donc des facteurs consécutifs, soit l'enchaînement de douleurs, qui différencie les deux noms.

Puis, le calvaire implique que l'individu concerné subit la succession violente d'événements dans sa vie et qu'il en est la victime principale.

Si nous prenons l'exemple du calvaire du Christ, nous remarquons bien que ce dernier est le seul à être frappé, malmené et enfin cloué. Qui à part Jésus et les autres crucifiés peut s'approprier le calvaire, car ils sont les seuls à l'avoir subi dans leur chair. Les spectateurs de la scène macabre n'ont en aucun cas vécu la souffrance, ils ont aperçu, entendu ou remarqué des choses, ont été troublés ou émerveillés à la vue du sang, mais aucun ne peut prétendre au supplice. Ainsi, il requiert donc une expérience indispensable. Celui qui n'a pas subi ne peut pas s'octroyer le droit de s'exprimer à la place du supplicié, au nom d'une communauté politiquement organisée, car cette demande de compte groupée ouvre le champ à des abus non maîtrisés, le manque d'expérience menant à l'absence de limites et de contrôle. Si un peuple pleure l'assassinat d'un homme politique et s'unit en quête de justice pour venger la mort de l'homme, alors la violence populaire n'aura aucune limite, car l'absence de vécu stimulé par la perception se transformera en vengeance personnelle, empêchant donc tout discernement. L'union ne chercherait plus l'impartialité, mais sombrerait dans la folie et aurait pour seule obsession, la violence la plus cruelle.

L'absence de l'expérience du calvaire requiert la présence du concret, afin de justifier le regroupement communautaire et sa quête de justice. Pour cela, l'Histoire et la mémoire collective remplacent l'expérience et le vécu. Il ne faut donc jamais se focaliser sur les événements heureux, car le bonheur, la gloire ou la puissance tendent à libérer un individu en proie à l'esclavage mental ou physique. Le bonheur historique ne peut remédier à la quête du calvaire. Les groupes associatifs veulent et doivent souffrir. Le sang, la violence, le racisme et les bavures sont une obsession, ainsi, toute occasion violente, même la plus insignifiante, est source de combat pour la justice.

Or, il n'y a pas de souffrance dans la joie. Par conséquent, les organisations concernées, croyant naïvement combattre l'injustice et le colon, se retrouvent aussitôt esclaves de leurs sentiments, de leurs frustrations personnelles déguisées et manifestées par la rage intérieure qui résulte du manque d'expérience. Par la violence plaintive, le diasporant francilien manifeste le désir d'être accepté dans la société dans laquelle il évolue. L'agressivité verbale et la rancœur sont sa manière d'éviter le rejet de la majorité, qui causerait une trop grande souffrance. Puisque les individus s'abandonnent au déni, refusent d'accepter le sort de l'histoire qui les présentent comme une faille, des perdants, des dépossédés destinés à être des minoritaires et à évoluer dans la misère sociale, la frustration ressentie et suscitée par la crainte de la perte du pouvoir politique est la raison pour laquelle ces jeunes militants antiracistes ou panafricains se regroupent. Ainsi, toute manifestation collective est une alternative à la lâcheté individuelle, un acte de rébellion, de désobéissance civile et d'ingratitude envers la patrie accueillante. Le rejet de l'assimilation, qui est justifié de concert, serait une réponse au colonialisme européen en Afrique.

Or, il est aussi important de préciser que ces diasporants de la deuxième et troisième vague n'ont jamais connu cette période historique. En effet, grâce à l'Histoire, les diasporants parviennent à échapper à leur plus grande peur, à savoir celle de disparaître, mal-aimés par le reste de la société. Ainsi, derrière le courage collectif apparent se cachent la lâcheté, la crainte et la faiblesse. La douleur et la peur du rejet sont légitimes. Cependant, la volonté de fuir le dépouillement, soit la souffrance inhérente à tout migrant, est inacceptable. En ce sens, l'attitude des diasporants franciliens est révélatrice d'un certain mépris.

En effet, si des immigrés venus en des temps plus anciens ont accepté la douleur causée par la séparation de la terre, le diasporant, avec ou sans l'approbation de l'association, estime qu'il a le droit de ne pas faire face à la souffrance de l'assimilation. Ce dernier se donne donc le droit d'exploiter et de prendre sans aucun compromis et justifie son comportement par la colonisation. C'est ainsi que l'association entre en jeu. Elle ne défend pas, mais agresse un ennemi affaibli — le « Français de souche» — afin de prouver le mépris du diasporant vis-à-vis des autres migrants désireux de s'intégrer et qualifiés de «traîtres», mais surtout de créer une nouvelle expérience migratoire qui justifierait le rejet du compromis. Dans une bonne société, la majorité est plus que légitime, car la terre est naturellement sienne, en ce sens, elle est la Nation. Cependant, les associations noires franciliennes veulent s'accaparer la liberté des autochtones en droit de décider de leur sort.

La minorité est et doit rester minoritaire. En ce sens, le rôle de l'entité majoritaire n'est pas de se plier aux demandes des immigrés, d'abord parce que ces derniers doivent entièrement s'adapter au cadre de vie de la terre d'accueil, ensuite car les personnes établies n'ont nul besoin des minorités. Ce rejet est alors justifié par l'exploitation de l'Histoire communautaire. Ainsi, jusque dans la supposée résistance à un colonialisme mental inexistant, les diasporants ne possèdent pas, du fait qu'une partie horrible de l'Histoire leur est imposée et qu'aucun ne se révolte, tous acceptent que des associations décident pour eux, car ils ont grandi dans la plainte et ne connaissent pas l'Histoire, n'ayant jamais cherché à la comprendre.

Dès lors, la manipulation devient plus simple, par manque de recherche. Tel un enfant capricieux, favorisé et ayant tout obtenu dans sa vie, le diasporant s'efforce d'obtenir une reconnaissance personnelle à travers la plainte, sa seule arme à laquelle s'ajoute la plainte collective évoquée précédemment.

Il ne souhaite pas que les choses changent dans le bon sens, mais prétend vivre le calvaire par peur d'être oublié dans une société où il se retrouve minoritaire, mais qui le privilégie. Accepter d'appartenir à cette société c'est s'oublier, devenir semblable aux autres sans pouvoir jouir de privilèges en raison de son passé. *Que restera-t-il de moi si l'on ne me regarde pas? Si le plus puissant m'ignore?* L'obsession du diasporant pour le passé qui justifierait le calvaire témoigne de son incapacité à se

détacher du « colon », soit du dominateur.
À présent, les diasporants vivent sur son
territoire et ne parviennent pas à se
défaire de son influence, mais aussi de
leur propre attirance, de leur envie de
l'homme blanc.

Les associations noires ont bien
conscience de l'absence de responsabilité
du rôle du petit peuple autochtone blanc
dans la colonisation et l'Esclavage, mais
leurs membres sont chaque fois plus

obsédés par ce dernier. La colère des diasporants est un cri d'amour qui traduit la peur de l'oubli, la crainte d'être abandonné par celui qui dirige. Donc, la quête ultime du diasporant plaintif est d'être aimé du Blanc. La douleur ne provient en aucun cas de l'entre-deux ou de l'hybridité, mais plutôt du fait de ne pas être aimé ou reconnu à sa juste valeur par le dominant. Or, l'utilisation de la violence causée par le passé comme source de revendication soumet l'être humain blanc qui perd de sa puissance, ce qui accentue davantage la haine des associatifs et des diasporants désirant appartenir à l'homme blanc fort puissant et non à l'homme blanc démuni. Derrière la plainte se cache la quête de pouvoir personnel afin d'assouvir ses désirs.

Cependant, le plus important n'est pas l'ambition, mais l'après. En ce sens, l'échec de la décolonisation, par exemple, réside dans l'incapacité des leaders politiques à se focaliser sur la suite de leur combat.

Seul le futur permet de repérer les traîtres, les ennemis de l'intérieur, les obsédés du pouvoir et les sincères. Qu'adviendra-t-il des diasporants lorsque l'État leur attribuera toutes leurs quêtes? Les plus féroces, les assoiffés, accéderont au trône et délaisseront les diasporants les plus pauvres devenus inutiles à leur combat. Tous finiront par périr par manque de recherche historique, par leur incapacité à sortir du carcan communautaire au moment opportun ou manifesteront le besoin d'appartenir à la société française. Sera-t-il trop tard? Les diasporants et les associations sont donc illégitimes à la souffrance, car ils ne l'ont pas connue ni vécue, nés bien trop tard.

II. Nature de la plainte

La plainte relève du sentiment et s'oppose, par nature, au concret historique et à l'expérience; elle est donc illégitime. Le principe de la légitimité provient tout d'abord de la loi. En effet, elle vise à justifier le pouvoir d'une entité dominante sur une autre, dominée. Elle résulte toujours d'un rapport entre deux individus, au moins, car elle implique la perception, le jugement et la validation du combat en vue de renforcer l'égo du dominant, vis-à-vis de l'individu méprisé et exploité. L'importance de l'avis du dominé fait état d'une faille apparente dans sa condition, car ce dernier a besoin de l'intervention d'un tiers pour s'affirmer, peinant à le faire seul. Ce transfert du pouvoir témoigne de la faiblesse marquante du dominé. Alors, la puissance du dominant requiert de l'expérience, de la peur, de la force, un statut social et la connaissance entre personnes semblables, isolées, apeurées et abandonnées à elles-mêmes. Dès lors, le sentimentalisme causé par la plainte prend effet et met en lumière nos émotions les plus néfastes.

Premièrement, la requête ne peut être dissociée de la compassion qui nous mène toujours au paternalisme. En effet, celle-ci brise toute neutralité et nous mène à la réduction d'autrui, à l'objectification des individus plaints à qui la parole est retirée, en la prenant donc à leur place.

Le choc subi occasionne le mutisme pour celui qui doit vivre avec, cependant il devient le rempart du dominant, car ce dernier n'endure pas les dégâts et n'affronte pas les maux, étant protégé par son inexpérience de l'Histoire.

La compassion symbolise le commencement de la suprématie d'un individu face au martyr, car elle se révèle toujours lorsque la cause des victimes de la barbarie historique, suscitée par la suite d'événements sordides, est exploitée au nom de l'appartenance ethnique, religieuse, raciale ou culturelle par les « semblables » n'ayant jamais expérimenté l'horreur. D'autres domaines n'échappent pas à l'abus de l'empathie, à l'image d'artistes multimillionnaires promus par les médias devant qui la masse se soumet, soit de parfaits adeptes de l'exploitation du malheur d'autrui. L'humanitaire dans les pays du tiers-monde où les religieux des missions semblables à celles des anciens Empires coloniaux sont également des exemples, non exhaustifs, qui illustrent le mal causé par la compassion.

Ces cas sont la manifestation d'un sentiment abusif qui relève d'un sensationnalisme visant à légitimer la supériorité du dominant et la dépossession de la parole du dominé expérimenté au profit du dominant, protégé par l'inexpérience d'un événement historique violent. Il est alors évident que cette appropriation est un crime. Pour cela, cette troisième démonstration fait état de l'égocentrisme de l'individu compatissant qui se croit supérieur aux autres, lui, le juge suprême face à l'Histoire, réceptacle de la souffrance d'autrui. Or, il est esclave de sa propre vie, de sa vision faussée, de ses mensonges et de son manichéisme.

Ainsi, la déploration de la tristesse légendaire ne peut être comparée à la compassion, car elle relève d'un constat et met l'accent sur la neutralité renforcée par la distance. Elle s'oppose donc au mérite de la plainte.

L'expérience et l'Histoire vont de pair et sont indissociables, car elles nous apportent la légitimité. Cependant, dans notre cas, la légitimité en est dépourvue, le vécu étant inexistant. L'Histoire rassemble des faits, en ce sens elle est une suite d'événements que l'on peut modifier à des fins maléfiques et trompeuses. Néanmoins, l'expérience est indispensable, car elle requiert la vie, la transformation de l'individu, son conditionnement à travers l'évolution de cesdits événements. Elle est donc notre testament divin face à la Vérité, elle est essentielle et appuie la condition historique. Pour le dominant, l'Histoire est un support, bien qu'il l'ignore, en raison de l'obsession du passé utile à toute haine injustifiée. Si le passé n'est plus, si les victimes pardonnent les exactions, les dominants disparaissent et deviennent semblables aux autres, ce qui marquerait le commencement de leur fin. Puisqu'ils sont isolés et vivent dans l'irréalité, les diasporants sont coupables de mettre leur pouvoir entre les mains d'un dominant, soit, le leader associatif.

Dans ce cas, les deux acceptent de détruire l'environnement dans lequel ils évoluent. C'est dans ce compromis qu'ils trouvent leur intérêt : l'un (le diasporant), trop lâche pour subir les conséquences, se cache derrière l'autre (le leader) qui affrontera le danger au moment de sa chute. Caché, le membre de la diaspora épris de compassion face au sort de ses aïeux se tournera alors vers différentes causes jugées moins dangereuses et moins compromettantes pour sa sécurité et ses privilèges.

III.Intersection de l'Histoire

L'Histoire incarne le concret, le réel, la vérité, le vécu; en ce sens, tout individu qui nierait la réalité des événements est voué à la pauvreté, à l'échec et à l'humiliation. La présence de l'événement historique s'oppose à la plainte, car le premier fait état d'une expérience vécue

là où la plainte relève du sentiment, donc
de l'instabilité propre aux individus.

L'expérience historique incarne non
seulement la vérité, mais elle est aussi la
fondation de la condition sociale d'un
groupe religieux, ethnique ou sexuel : la
gloire ou la défaite mémorable définiront
leur place dans le monde et leur rôle sur la
scène politique internationale,
notamment en termes d'influence.

La haine de la diaspora à l'encontre du pays d'accueil, qu'elle soit active ou passive, s'explique par sa naissance tardive. En effet, elle voit le jour après l'Indépendance, après la violence, et de ce fait, elle n'a pas connu, n'a jamais vécu et ne peut donc prétendre à la légitimité, car les véritables témoins et les principales victimes se taisent. La supposée lutte anticoloniale est un argument irrecevable visant à masquer le véritable problème rencontré, à savoir : comment justifier le calvaire ?

La diaspora, elle, provient de l'intersection, du croisement, du choc de civilisation entre l'Europe et l'Afrique ; par conséquent, elle ne possède pas. Cependant, la Décolonisation scelle son sort et l'inscrit à jamais dans la défaite, car elle est la conséquence du déni historique. En effet, l'échec de la Décolonisation en Afrique ne résulte pas d'une faiblesse économique ou militaire, mais du déni de la condition du colonisé qui, par le biais de l'Indépendance, refuse de s'évertuer à la patience en vue de reconnaître la violence mentale infligée depuis des siècles et ses conséquences.

Le colonisé nie son statut d'être opprimé en raison de l'humiliation que cette soumission injuste suscite. La liberté devient donc l'objet du désir tant convoité. Or, elle est un piège, car l'émancipation ne peut être atteinte sans la prise en compte du lourd fardeau de la violence du passé. En ce sens, la quête de liberté ne doit pas être l'unique objectif de l'indépendantiste, car la libération implique d'autres facteurs tels que la guérison physique, morale, spirituelle ainsi que la douloureuse acceptation de la condition injuste de l'être opprimé.

L'accumulation de tares, l'explosion de l'injustice, de la violence et de la discrimination mènent à l'ingérence. Alors, serait-il juste de penser qu'un individu tourmenté dès la naissance puisse devenir autonome et gérer une patrie à son tour, s'il n'a pas pris le temps de se soigner?

Un drogué ou un alcoolique peut-il décider de mettre un terme à son addiction ou doit-il reconnaître qu'il a besoin d'aide afin d'aspirer à la liberté?

La cause de l'échec des indépendances africaines réside dans l'impatience des leaders. L'indépendance est réelle si les individus reconnaissent la blessure, la maltraitance et l'humiliation subies durant tant d'années.

Seule l'acceptation de la honte permet à l'individu opprimé de toucher la liberté, du moins de l'effleurer. Le futur n'a de sens que si les erreurs du passé sont prises en compte. Ainsi, la décolonisation est la manifestation de cette tare du déni de l'Histoire. Dès lors, la liberté devient un rêve et certains éléments essentiels propres au changement politique sont omis à l'image de la trahison, de la manipulation et des doubles alliances politiques, en raison du rejet de la reconnaissance de l'humiliation imposée par le dominateur durant des siècles.

Parce qu'elle n'a ni connu ni vécu, la diaspora, qui ne possède pas, ne peut s'appuyer sur l'Histoire comme source de revendication, car celle-ci affirme bien que les diasporants sont des possédés, le fruit de l'échec de la période coloniale, au même titre que les guerres, les déstabilisations ou la famine. Cependant, les membres de la diaspora qui cherchent à revendiquer le passé à des fins égoïstes — pour attaquer les supposés racistes en justice, chercher à se victimiser, obtenir davantage de pouvoir et devenir une minorité puissante — la nient une fois de plus.

Ces derniers ignorent pourtant qu'ils ne peuvent réfuter leur condition sociale façonnée par les événements historiques! La plainte des associatifs à l'encontre de la paupérisation sociale de la communauté noire d'Île-de-France n'a pas lieu d'être, car la pauvreté des habitants des banlieues s'explique par le désastre de la condition postcoloniale africaine, ainsi que par le profil des parents de ces diasporants franciliens, soit des immigrés arrivés massivement dans les années 1970 grâce au Regroupement familial. Ainsi, ces Africains de la « deuxième vague » se différencient de la « première vague[1] » par un nouveau profil et par les caractéristiques suivantes :

1 [1]La première vague marque l'arrivée des pionniers qui s'installèrent dans les anciennes colonies entre les années 1940 et 1960

- Les immigrés sont issus de la capitale et/ou de l'exode rural africain.

- ils se distinguent par leur condition sociale désastreuse.

- par leur manque d'éducation académique, ce qui explique ainsi l'absence d'intellectuels parmi eux.

- les immigrés sont incapables de produire ou d'entreprendre par eux-mêmes, en raison d'une mendicité excessive.

– les immigrés sont des agents destructeurs de l'héritage culturel africain authentique.

Afin de traiter de la place de la diaspora dans l'Histoire, j'aborde cette étude en me focalisant sur la représentation de l'arbre, afin d'illustrer mon propos. Image commune, bien qu'efficace et pertinente, il symbolisera à jamais l'incarnation de la Vie. Il prend racine dans la terre, puis pousse, formant le tronc, et est pourvu de branches que les feuilles adornent. Toutes diffèrent en taille ou en forme. Lorsque l'automne montre ses couleurs, les branches perdent leur feuillage, mais l'arbre, bien que dépourvu de ses caractéristiques, demeure toujours arbre. Que serait-il sans sa fondation, sans ses racines? Que serait le peuple sans son histoire? De même, qu'adviendra-t-il de la Nation qui n'en possède pas? Comme nous le savons tous, l'Histoire peut être universelle, car elle a la capacité de parler à tous les hommes; elle est l'âme de l'humanité. Pour cela, elle est indispensable, car plus puissante que la langue, que la religion ou les coutumes, elle lie des hommes qui partagent les mêmes événements, tantôt heureux et glorieux, tantôt chaotiques et misérables. C'est par l'Histoire que des individus parlent la même langue, partagent la même foi, parfois les mêmes traditions. Un peuple riche peut être pauvre à la fois, car sa victoire dépend d'une seule chose, de son Histoire : l'a-t-il saisie, la possède-t-il ou bien l'ignore-t-il? S'il n'en a pas conscience, alors ce peuple périra, par manque de reconnaissance.

L'Histoire est semblable à la terre dans laquelle les racines de l'arbre croissent, elles qui forment une base solide. Si l'on retire un des éléments constituants, alors cet élément que l'on détache ne peut survivre seul. Si je casse une branche et la jette au sol, elle se détériore et rien ne pourra croître d'elle. Si j'arrache une feuille et la dépose sur un banc, elle s'assèche et rien ne fructifiera, car elle est détachée de sa base qui la nourrit. La feuille peut-elle pousser ailleurs que sur l'arbre? Non, me répondrez-vous.

Peut-on alors comprendre le phénomène migratoire sans l'Histoire? Est-il possible de justifier une découverte archéologique sans les faits? Ou bien d'interpréter des chiffres, des données économiques? Alors, la diaspora africaine de France ne peut être comprise hors du contexte colonial. La majorité des diasporants, épris de haine en raison de la violence du passé et de leur évolution au sein d'une société blanche, rejettent la culture à laquelle ils appartiennent (la culture française) et chérissent une autre (la culture africaine) sans jamais l'avoir connue.

La plus grande erreur des diasporants est d'avoir récupéré l'Histoire, de se l'être réappropriée, car ils en sont un échec, un accident. La colonisation qui constitue le point de départ ne peut devenir une base solide dont on peut user comme appui. Ils ne peuvent faire de cette faiblesse une force, car ils sont eux-mêmes issus du chaos.

Ainsi, les stratégies employées par les associations noires ne peuvent perdurer; tôt ou tard elles finiront par sombrer. L'antiracisme est un leurre; il ne s'agit en aucun cas de forcer la majorité blanche à reconnaître quoi que ce soit, mais il faudrait chercher à savoir par quels moyens la minorité noire parviendra à reconnaître qu'elle incarne le symbole de l'échec. La manifestation de l'échec se révèle par le déni au niveau social, familial et identitaire. Le diasporant francilien se convainc depuis près de quarante ans de la richesse qu'il représente pour la Nation. Pauvre et évoluant dans une sous-culture et une sous-société, il s'attaque à tout

individu qui oserait lui suggérer de sortir
de la misère sociale en lui affirmant que sa
condition n'est pas un avantage, mais un
inconvénient. Le pauvre individu voulant
faire preuve de bonté sera aussitôt qualifié
de raciste.

Mené à la Cour, il répondra de ses actes.
Condamné, il sera alors considéré comme
le plus grand coupable de l'Histoire ayant
commis le crime de lèse-majesté, à savoir
celui d'avoir tenté de mettre en lumière

l'improbabilité du déni! Ainsi, sur le plan social, nous remarquons que la plus grande plainte, après celle de l'Histoire, réside dans la pauvreté.

Celle-ci serait la cause principale de la souffrance du diasporant. Cependant, ses jérémiades témoignent non seulement du déni, mais surtout, une fois de plus, de sa grande lâcheté. En effet, il est par oisiveté le fruit de ses parents qui émigrent massivement par profit, en raison de l'appel à la main d'œuvre moins chère au cours de l'ouverture économique des années 1970, et mendicité. Hypocrite, le diasporant refuse tout d'abord, et ce malgré l'insalubrité, de quitter le carcan géographique pour d'autres régions françaises éloignées de la capitale, afin de trouver de meilleures opportunités.

Car l'abandon est symbole de courage, puisque l'individu quittant son environnement et s'élançant vers l'inconnu, témoigne alors d'une force mentale et d'un désir d'indépendance. Or, la peur de l'aventure témoigne de la même lâcheté que celui qui craint la violence du rejet. Ainsi, le diasporant préfère s'engouffrer dans la misère plutôt que de partir, de redoubler d'efforts et de faire face au rejet. On ne peut perdre du temps à discuter des bienfaits inexistants de la souffrance. Une fois encore, le Francilien aime son espace misérable, mais est égoïste et déloyal, le monde doit s'adapter à son mode de vie, car il ne veut pas se battre.

Même si d'autres immigrés provenant des villes les plus en Afrique se sont sacrifiés pour combattre l'insalubrité, le diasporant, lui, justifie l'oisiveté en attaquant l'État et les autres. Il pourrait continuer à vivre dans la misère à condition d'avoir de l'argent sans travailler. La seconde manifestation se révèle sur le plan familial, concernant le rapport aux parents et le déni de leur grande implication dans l'accroissement de la pauvreté. L'État français n'a-t-il pas été accusé d'être le seul responsable de la pauvreté dans les banlieues? Combien d'anciens immigrés «massifs» arrivés au début des années 1970 n'ont-ils pas justifié leur condition précaire par un supposé refus de l'État de les aider à s'en sortir? L'État ne peut être coupable de l'échec social des individus qui doivent en subir les conséquences et accepter leur sort en vue de rebondir et d'offrir de nouvelles chances à leurs enfants.

Or, les diasporants renient la responsabilité de leurs géniteurs, bien que ceux-ci soient la raison pour laquelle le besoin est si grand. Africains et respectueux de la famille, les Franciliens enragés, car dépossédés, n'ont pas le courage de leur exprimer leur mécontentement. Alors, la colère ressentie est tournée vers l'homme blanc.

À quoi bon quitter sa terre d'origine,
pauvre, sans espérer donner une
meilleure vie à ses enfants? La situation
du démuni était spéciale au temps de la
colonisation en raison d'une sélectivité
incroyable qui favorisait uniquement les
intellectuels. Or, l'indépendance marque
la recrudescence de ces pauvres n'ayant
jamais eu la chance d'étudier et qui
tentent leur chance à l'étranger. Certains
se sacrifient afin que leurs enfants
puissent espérer étudier dans les

meilleures conditions, d'autres émigrent par pur profit, abandonnant les enfants dans la précarité.

Égoïstes, ces parents, dissociés de la réalité, ne peuvent satisfaire les besoins de leurs enfants qui, haineux et capricieux, sont incapables de se contenter des miettes. Dans un pays où l'origine sociale détermine le futur, ces parents sont un handicap, mais la descendance n'ose l'affirmer, préférant croire que la montée dans l'avion à destination de la capitale européenne est un sacrifice qui justifie l'oisiveté et l'absence de combativité. Le cas de la discrimination à l'embauche illustre ici notre propos. Ces campagnes visant à détruire la ségrégation contre les pauvres en général se sont vues réduites à la cause noire en omettant les autres formes d'injustice.

Au contraire, il faudrait plutôt éradiquer, surmonter et combattre la paupérisation par la reconnaissance de l'échec des parents, par l'envie de sortir de l'espace géographique oppressif, par l'obtention de diplômes et par le rejet des voies futiles et basses uniquement réservées aux immigrés des banlieues, à l'image du sport et de la musique rap.

Puisque la France est une honte, elle doit être reniée à jamais au profit de la pauvreté sociale qui souille la sphère intellectuelle, comme l'illustre le langage des cités dortoirs. La langue improbable est teintée de néologismes assumés, mêlés à des expressions africaines provenant des milieux défavorisés des capitales du continent. Le français est omis et celui qui oserait le parler à la perfection sera moqué, puis accusé de vouloir s'exprimer comme un blanc. La mode est un outil qui témoigne de l'échec identitaire, elle permet, en ce sens, d'agresser l'autre en mettant en lumière le rejet du classique et du conformisme. Les vêtements expriment une rage silencieuse, l'objectif étant de refuser les normes.

Là où la décolonisation aurait pu permettre aux Africains de passer du statut de «possédés» de l'Europe à celui de «possédants» de leur terre, elle offre au contraire au *Vieux Continent* une population africaine expatriée pauvre, massive, non qualifiée, issue des couches sociales les plus misérables d'Afrique et dépourvue de toute possession en raison du passage de la soumission à l'émancipation. Ces « intégrés » sont présents dans les rues, dans les bureaux, diffèrent par leurs appartenances sociales variées, mais ils se taisent et s'éloignent du tourbillon sans fin, le tourbillon de la plainte, par crainte d'y laisser la vie, l'énergie et de ne plus pouvoir en sortir.

Ces « silencieux » demeureront, car ils ont suivi le cours des événements, ils ont accepté de se rendre là où l'Histoire les mène. Ils ne peuvent rien contre elle, impuissants, et c'est dans cette quiétude qu'ils observent les plaintifs s'enfoncer dans la vacuité. Les supposés martyrs antiracistes ne comprennent pas à quel point l'Histoire nous démontre qu'elle désapprouve notre existence, alors, nous ne pouvons l'utiliser comme moyen de revendication. La diaspora ne peut être détachée du facteur colonial en raison du facteur humain qui la distinguerait. En réalité, elle est un facteur qui s'ajoute aux autres catastrophes et conséquences désastreuses de la colonisation, qu'elles soient économiques, politiques, militaires ou culturelles. Les migrations massives causées par la déstabilisation politique sont déplorables, au même titre que les guerres ou l'ingérence. Le problème des diasporants réside dans l'omission de la prise en compte des racines réelles qui forgent leur condition. Ainsi, ils ne peuvent évoluer s'ils s'obstinent à ne pas reconnaître qu'ils sont le fruit, la conséquence terrible de l'histoire de l'Afrique.

Désormais, par ce rejet de la conséquence désastreuse historique qu'ils incarnent, les enfants d'immigrés de cette deuxième vague, choisis par la gauche dans les années 1980 pour l'instauration d'une politique antiraciste, grâce à la loi Pleven approuvée en 1972, nient non seulement l'Histoire, mais aussi leur condition sociale.

Alors, le Parti socialiste et les associations communautaires qu'il finance incarnent deux entités similaires qui s'attirent, se complètent et s'entendent par stratégie, afin que les associations puissent accéder à la scène diplomatique nationale pendant que le parti politique socialiste répand la victimisation et la quérimonie, en vue de contrôler les autres minorités et les Français de souche à une plus grande échelle. Ainsi, en vue d'élaborer leur stratégie machiavélique, les deux entités tirent profit de la compassion et incitent la minorité à nier sa condition sociale désastreuse (mentionnée plus haut). Le parti politique quant à lui exploite le désastre historique et a l'assurance, grâce à la compassion faussement éprouvée à l'égard des diasporants, d'obtenir des voix en cas d'élection. Tout d'abord, la compassion vise à empêcher ces immigrés de la deuxième vague de reconnaître leur situation catastrophique afin d'aspirer à la liberté, de s'affirmer en tant que Français, de s'enrichir et de représenter une menace pour la gauche qui serait dépourvue de toute autorité. Par conséquent, la gauche antiraciste ment à propos de l'Histoire et encourage les diasporants à adopter les mêmes techniques désastreuses employées par les résistants anticoloniaux en Afrique; les diasporants accusent les autres, mais refusent de reconnaître la fatalité qu'ils incarnent. Ainsi, le rejet des Blancs, présentés comme hostiles, se change en combat antiraciste et anticolonialiste, soit une lutte anachronique, qui ne peut les encourager à embrasser leur héritage français, l'assimilation étant considérée comme une agression, une démarche raciste. Puis, l'exploitation du désastre historique, par lequel le parti socialiste promeut la pauvreté, est présentée comme une richesse. Or, le parti politique a connaissance du danger de la prolifération de la pauvreté qui ruine la culture, mais surtout la société et l'image du pays à l'étranger, en ce sens, elle ne peut mener à la richesse. Enfin, l'immigration massive est la chance inespérée du parti qui jouit de l'obtention assurée des voix en cas d'élection, grâce à l'alliance entre politiciens et leaders minoritaires.

Le Parti socialiste est l'ultime recours des diasporants. En effet, le rôle de ces derniers, qui se savent condamnés, est de détruire la majorité dite de « souche » par peur de l'oubli, par vice, par caprice, mais aussi par désespoir, le temps étant compté. Alors, l'antiracisme mêlé à la lutte anti-capitaliste de la pensée gauchiste nous démontre que les diasporants sont à la fois racistes et capitalistes. Le capitalisme évoqué ici résulte d'une attitude et non du concept économique, soit de la démarche vicieuse employée par les grands financiers de ce monde. En ce sens, il se caractérise par :

– L'application du principe de supranationalité, soit le mépris des limites, des lois et des règles intérieures au profit de la destruction des frontières, des coutumes, et de la culture.

– Le rejet de la nationalité jugée archaïque et fasciste au bénéfice d'une identité

mondialiste, soit l'idée d'être un « citoyen
du monde ». Cette dynamique marque le
commencement du colonialisme, car le «
citoyen du monde » n'envisage jamais de
s'adapter à l'autre. Au contraire, il jouit de
la prospérité économique propre à la
sphère géographique dans laquelle il
évolue pour aller vers son semblable, non
pas en se soumettant à ses lois, mais
plutôt en tentant de les exploiter à son
propre avantage, afin d'étendre le mode
de vie de la sphère dont il provient dans le

pays étranger. Il s'agit en réalité de profiter de l'autre, en se présentant à lui sous un beau jour, arguant que seul le partage des cultures mènera à la libération de l'être humain. Néanmoins, l'objectif reste le même : je fais d'autrui mon bien et sa patrie devient mienne.

– L'asservissement et l'exploitation du territoire étranger.

Premièrement, le diasporant fait de sa
couleur une force, car les Africains,
déportés massivement durant l'Esclavage,
se retrouvent aujourd'hui, partout dans le
monde. Pour cette raison, la couleur noire
est devenue le symbole du
transnationalisme, donc du capitalisme
diasporant entre semblables. Peu importe
l'origine de l'individu, ce dernier s'octroie
le droit d'exploiter la cause de son
prochain, en raison d'une fraternité
forcée, provoquée par l'oppression d'un

ennemi hostile blanc, européen, et impuissant depuis la fin de la Deuxième Guerre mondiale. Les diasporants, donc, ne respectent ni les frontières, ni les raisons et encore moins la triste condition de leurs « frères » de couleur. Ainsi, ils considèrent que toutes les terres peuplées d'individus noirs sont les leurs. La couleur justifie le vol et l'appropriation pour leur propre intérêt. Les autres doivent se plier à leurs exigences, même là où ils se trouvent minoritaires. La diaspora, donc, ne peut pas prendre appui sur l'Histoire, elle-même récupérée par les autorités coloniales. En effet, si les Africains ne la possèdent plus, alors la communauté ne peut la revendiquer, car elle les relègue au deuxième rang, les présentant au monde comme des faibles, des possédés.

Par sa violence, la décolonisation scelle définitivement le sort de ceux qui évoluent en Europe. Fruits de l'échec, ils seront à jamais influencés par des facteurs extérieurs. C'est au sein de cette intersection que la diaspora naît, au cours d'un choc de civilisation entre l'Afrique et l'Europe. Puisqu'ils n'ont jamais rien possédé en Afrique, ils ne peuvent adopter une démarche de «possédants», ils doivent tout d'abord admettre leur faiblesse afin de s'émanciper réellement et d'aspirer à la stabilité. La plainte, la haine, la victimisation et la rancœur historique sont inadéquates, car elles mènent à la destruction, la liberté se trouve dans le dépassement du malaise nourri par le temps et la réalité historique. Si le pouvoir s'obtient par la parole, le diasporant ignore que l'art du discours est une régression, car caractérisé par la plainte, l'impuissance, l'inutilité et la perte de temps. Comment espérer, posséder et s'affirmer tout en ayant été conçu dans la soumission, la dépendance et l'exploitation? En raison de l'inconsistance identitaire, que l'Histoire ne peut défendre, les diasporants se trouvent dans l'obligation de justifier la haine envers la France en mettant le passé en lumière sans l'avoir jamais connu.

Ils se réapproprient le passé des autres sans que ceux-ci leur aient donné la permission de le faire. S'ils affirment agir par devoir de mémoire, demandons-nous alors qui les désigne? Ils se sont choisis! Puisqu'ils appartiennent à la génération de l'après, leur expérience est fausse, car fondée sur des épisodes furtifs.

Profondément antiraciste, c'est par le prisme européen que cette génération en colère découvre la colonisation; à travers les livres, les images, les récits et non l'expérimentation. Elle prétend alors se révolter contre un supposé racisme qui serait un véritable fléau pour les « colorés ».

Or, cet argument ne peut perdurer, à moins de légitimer la souffrance. La haine n'est donc pas liée à la discrimination inexistante de la nouvelle descendance mais à la quête de la légitimité de la plainte. On ne peut bâtir sur l'inconsistance, et l'absence d'expérience mène à l'inconsistance, vide et sans substance. Le problème de l'associatif est le suivant : il n'a rien à défendre. L'Africain d'Afrique, lui, n'a nul besoin d'envier la cause d'autrui, bien qu'il puisse être, à un moment au cours de l'Histoire, en proie à la violence. Un peuple africain peut donc s'élever contre une dictature, contre un coup d'État ou bien contre la pauvreté, à condition qu'il en vive l'expérience.

Sinon, la haine est gratuite, la résistance éphémère, le tout se traduira alors par l'emprunt de la souffrance d'autrui que l'on s'approprie. Ceci explique donc pourquoi les associations s'évertuent à se faire entendre. Il faudrait s'interroger, s'intéresser au choc, afin de savoir d'où nous provenons et si nous désirons trouver des solutions adéquates. Les diasporants doivent accepter qu'ils soient une faille, un échec de l'Histoire, pour apprendre à se reconstruire malgré la violence de la conception, tout en embrassant les deux identités qui les forment. Désormais, ils ont deux terres, l'Afrique et l'Europe, mais bientôt la deuxième prendra l'ascendant sur la première.

IV. Stratégies

Nul ne peut affirmer que le gouvernement français, aujourd'hui tourné vers l'ouverture raciale, désire mettre un terme à la prolifération d'une supposée civilisation noire. Alors, la mise en place de mouvements associatifs africains visant à protéger l'héritage culturel de la *Terre mère* est vaine. Puisque l'Histoire les pourfend et les révèle au monde comme une faille, les associations, dans l'incapacité de prendre appui sur elle, optent pour des stratégies approuvées par les diasporants eux-mêmes, visant à affirmer leur pouvoir politique, par le biais du lobbying, qui se reflète aussi bien politiquement que culturellement. Les associations parviennent donc à étendre cette influence en générant le besoin par la création de problèmes inexistants, par le biais de l'ethnicisation et grâce à l'importance des médias.

A) Générer le besoin par la création de combats irréels : l'exemple de la défense culturelle.

En effet, la revendication identitaire et culturelle implique que les membres des associations doivent posséder une éducation forte, et menacée par le gouvernement. Or, même dans le domaine culturel, les diasporants se trouvent dans l'incapacité de créer. Alors, ils sont une fois de plus des possédés, car dépourvus de conscience identitaire. La culture, ou plutôt devrait-on dire l'absence de culture dans ce propos, nous démontre que la diaspora est influencée par des mouvements extérieurs. Pour cette raison, ce que les ethnies pensent être une représentation de la culture n'en est pas une, mais est plutôt la conséquence d'influences diverses provenant des États-Unis et de l'Afrique. Cependant, en près de trente ans de présence sur le sol français, il est inquiétant de remarquer que ces influences extérieures sont subies, car les diasporants ne sont jamais parvenus à s'inspirer des autres afin de développer le meilleur d'eux-mêmes, comme les Africains-Américains auraient pu le faire. La créativité civilisationnelle découle de la force identitaire d'un individu qui accepte le sort de sa condition causé par l'Histoire et qui se contente d'évoluer en harmonie dans son nouvel environnement. Le militantisme antiraciste du début des années 1980 marque la fin de la potentielle émergence d'une culture diasporante franco-africaine spécifique à la région de l'Île-de-France. Or, le rejet de l'assimilation et la plainte continuelle des individus mènent à la prolifération de facteurs culturels étrangers, qui laissent place à un mélange de cultures improbables caractérisé par une fusion américano-européenne mêlée à une sous-culture africaine mondialisée. C'est donc cette culture « afro », « black » et « métissée » que les associatifs défendent avec agressivité et imposent à la majorité blanche, aussitôt qualifiée de raciste en cas de rejet ou d'indifférence. La culture nous démontre que les diasporants n'ont rien à protéger. Dans un premier temps, la défense des siens engage une préservation culturelle, identitaire et linguistique, menacée de disparaître suite au départ de la terre d'origine. Puis, la défense suppose également que le groupe concerné serait sujet à la colonisation, soit à un régime politique oppressif avec pour seul but le blocage total du développement d'une structure, considérée comme un potentiel danger pour le pouvoir en place, parvenu à gouverner par le biais de la violence, de la peur et de l'abus. Ainsi, une trop grande émancipation culturelle, identitaire ou politique représenterait une menace pour cette autorité maléfique qui chercherait toutes les possibilités possibles pour exterminer les membres du groupe dérangeant. L'identité africaine n'a jamais été menacée ou opprimée par le gouvernement. En effet, comment pourrait-il mettre un terme aux langues africaines que les descendants d'immigrés ne parlent plus, à la littérature africaine que les diasporants ne lisent plus, à l'histoire ou aux mœurs dans leurs pluralités, qu'ils ignorent? Le diasporant n'est-il pas son propre génocidaire, son propre destructeur identitaire par son refus d'intégration, et par le négationnisme de son environnement qui le conditionne?

Alors, la plus grande erreur est de croire en la sincérité des associations noires de France lorsqu'elles se présentent au monde comme salvatrices et protectrices exclusives de la cause africaine. Où est donc la légitimité dans la défense? Par quels moyens des diasporants intellectuels pourraient défendre une terre, à savoir l'Afrique, qu'ils n'ont pas connue, sans oublier que la découverte de l'histoire du continent se fait uniquement par le biais du prisme européen méprisé et combattu?

La protection communautaire requiert un contact authentique et permanent à l'Afrique, or celui-ci n'existe plus dès lors que les migrations s'entament, témoignant donc d'un point de rupture total. Il ne peut y avoir de résistance culturelle ou de protection de la culture et de l'identité sans la présence d'un État hostile à la présence de ladite culture. La puissance étatique représenterait une menace pour l'opprimé qui tenterait désespérément de la supprimer, comme l'Histoire nous l'a démontré par la colonisation de l'Angleterre en Irlande, de l'Europe en Afrique et en Asie. Néanmoins, si nous appliquons ce raisonnement aux associations noires, et bien, l'argument de défense est irrecevable, car nous ne sommes plus sous le régime colonial à présent, mais bien sous le règne du multiculturalisme. Les minorités n'ont jamais été aussi bien perçues, défendues et promues en France qu'à notre ère métissée. Ainsi, les diasporants et les associations n'ont nul besoin de s'attendre à une attaque du gouvernement vis-à-vis de leur culture inexistante, car les diasporés-associatifs sont les seuls responsables de la destruction du peu de culture africaine qui subsiste ; ils souillent, détruisent, retirent toute humanité aux cultures authentiques qu'ils s'approprient. Les défenseurs de la culture africaine sont donc inutiles, car le problème réside dans le rejet de l'acceptation du bonheur, qui demanderait un effort considérable, en vue d'accepter une nouvelle identité. Si les individus s'acceptent tels qu'ils sont, à savoir des produits illégitimes de l'Histoire, alors ils deviendront des Français à part entière. Cette absence d'authenticité, qui résulte du manque d'expérience, ne peut en aucun cas les ériger au rang de juges suprêmes. Ils n'ont pas à choisir, à déterminer le bien et le mal, car ils sont le produit du bien et du mal.

B) Éthnicisation communautaire

Des leaders communautaires, soutenus par le Parti socialiste, se sont imposés au reste des diasporants dans un projet destructeur de l'identité africaine, et ce sur le long terme. Cependant, il est bon de se demander comment un groupe minoritaire né dans l'instabilité peut décider pour lui-même, mais surtout pour les autres? Les associations noires ont donc compris l'importance de la destruction des identités africaines multiples, des spécificités ethniques, de la religion, de la culture, de la diversité nationale, afin de les transposer dans une catégorie ethnique définie par la couleur des individus, soit l'avènement d'un suicide communautaire, car nul ne peut exister, nul ne peut être réduit à sa couleur. Ne sommes-nous que des couleurs ? Je croyais pourtant que l'origine ethnique, nationale, la classe sociale et les passions définissaient les êtres humains. Dans notre cas, les groupes sont réduits à des codes superflus qui définissent leur identité. Pour cette raison, la lutte antiraciste est vaine. En effet, tant que l'Afrique sera pauvre, le racisme perdurera, car les associations ont réduit l'Africain à sa couleur noire. Pour cela, les groupes extérieurs le traitent en fonction de sa teinte. Ainsi, le racisme en France est inexistant, car il se rapporte tout d'abord à un fait économique. Le rejet des diasporants n'est pas exclusivement dû à la couleur, mais plutôt au fait que ces derniers proviennent d'un continent défavorisé. Alors, la majorité blanche associe la couleur noire à la pauvreté. Or, cela pose problème aux associatifs qui combattent le racisme, mais détruisent l'héritage africain afin de réduire les Africains à des «Noirs». Comment les leaders antiracistes diasporants peuvent-ils appliquer ce qu'ils combattent? Serait-il juste de faire collaborer et de regrouper tous les Européens en exploitant la couleur de leur teinte comme simple base? En aucun cas, les peuples russe, français, espagnol, belge, anglais, suédois, hongrois, roumain, albanais ou italien ne se ressemblent. Certains appartiennent à des nations qui regroupent parfois plusieurs cultures, ethnies ou langues distinctes. La Russie et l'Italie sont connues pour être respectivement pluriethniques et régionalistes. En quoi la culture tatare peut-elle être semblable à la culture slave? Le savoir napolitain diffère de celui de Venise, du piémont ou de Gênes. Chaque région possède son propre dialecte, son éducation, ses plats, son histoire, perçus comme un avantage ou un inconvénient. Il en est de même pour l'Afrique. Le Gabon et la Somalie sont-ils identiques sur le plan culturel ou même religieux? La Tanzanie et la Mauritanie sont-elles parfaitement semblables?

La couleur noire des citoyens ne peut effacer leurs différences de mœurs. Ainsi, les leaders associatifs cherchent à communautariser les individus, non pas à travers des coutumes partagées, comme la langue, la religion ou la musique, soit des codes qui renforceraient réellement les communautés, mais par la couleur, permettant ainsi aux plus influents de dominer les autres.

Le terrorisme identitaire, façonné par l'obsession de la différence, exclut la communauté africaine de France. Plus les diasporants militent contre le racisme en se fédérant par le biais de la couleur, plus la distance s'opère avec l'autre majorité, dite blanche, qui, face à l'auto-exclusion des diasporants, ne s'intéresse pas à leur cause. La revendication de l'apparence entre en jeu en cas de dépouillement culturel, soit le résultat de l'esclavage. Tout individu «dépouillé», issu d'une

147

société fondée sur l'injustice esclavagiste est en droit d'avoir recours à la couleur, puisqu'il n'a plus aucune connaissance de son héritage africain. En effet, comment préserver son identité tout en évoluant au sein d'un système racialement hiérarchisé et détruit par l'esclavage? Cependant, la couleur de peau comme source de fierté ne doit être qu'un dernier recours désespéré. Ainsi, cette couleur est le symbole d'une souffrance liée à l'esclavage, à la discrimination raciale, aux lynchages et aux emprisonnements arbitraires. La couleur noire, dans le contexte américain, a été salie, et les Afro-Américains, au cours des Mouvements pour les Droits civiques dans les années 1960, en ont fait une force, car la couleur de leur peau était leur unique moyen d'adjuration, eux qui étaient séparés de la culture africaine.

Cependant, la condition afro-américaine diffère de celle des diasporants africains d'Europe, car les uns sont dépourvus de l'héritage tandis que les autres savent. Puisqu'ils ne peuvent prétendre au dépouillement, ils créent donc une nouvelle identité destructrice, façonnée par l'ethnicisation. Après avoir détruit les différences ethniques, une nouvelle parité dite « afro » est imposée, ne cherchant en rien à se rapprocher de la culture française pourtant riche, consistance et plurielle. Bien qu'il puisse être perçu comme le diminutif du mot « africain » et de tout ce qui proviendrait de l'Afrique, le terme «afro» n'est pas approprié, car il relève d'une substitution identitaire résultant du projet de destruction identitaire engagé sur le long terme. La couleur des individus est au centre de tout. Ainsi, les Français d'origine malienne, ivoirienne, mauritanienne, gabonaise ou camerounaise n'appartiennent plus à leur culture d'origine, mais sont désormais des « blacks»; à présent, il faut créer des peuples et des nationalités autour de la teinte des individus. Ce terme dépourvu de sens vise à les conditionner au rejet, afin que tout élément qui ne correspondrait pas aux codes dits «afro» soit automatiquement exclu.

De plus, par sa diminution, le mot relève d'un attachement à la réduction culturelle de l'Afrique. Alors, on ne cherche pas à protéger les coutumes dans leur pluralité, mais au contraire, il faut les réduire et préserver les éléments les plus faibles et les plus exploitables afin de les adapter, de les souiller et de les soumettre au conformisme noir. Le terme « afro » n'a de sens que s'il est accompagné d'un autre ; ainsi, il nous place toujours dans l'attente. Par sa nature, il illustre une fois de plus la faiblesse de la diaspora à la culture faible et inexistante, se trouvant dans l'incapacité de survivre sans un support extérieur. Les Français d'origine africaine ne connaissent plus leurs racines, en raison de leurs parents qui ne les transmettent pas. Ils ont alors besoin de s'identifier à des éléments susceptibles de les renvoyer à leur image. Ce désir est la raison pour laquelle ils peinent à prendre en compte la déchéance de leur communauté causée par leur incrédulité et par le vice des associations noires qui les dirigent. La victoire de ces dernières est d'autant plus marquante puisqu'elles sont parvenues à empêcher toute assimilation à la terre d'accueil et à laquelle est substituée l'ethnicisation qui suit le schéma américain, pour permettre aux têtes diasporantes de justifier le dépouillement des origines ethniques des Africains.

L'américanisation de leur environnement est accueillie chaleureusement par les diasporés déracinés car elle semble leur apporter une certaine unité, qui s'avère catastrophique. En nationalisant la couleur noire, les associations veulent le transnationalisme. À cause du dépouillement de leurs origines spécifiques, ils sont devenus des êtres faibles dans l'incapacité de forger leur propre identité. Inaptes, ils sont toujours dans l'attente de la domination culturelle des autres, qu'ils soient Africains ou Américains; par leur transnationalité, ils sont condamnés à s'adapter à des tiers et conditionnés pour cela à se focaliser sur les mouvements extérieurs, et non sur eux-mêmes. Au génocide de la culture africaine s'ajoute le port du fardeau de son prochain. Si les cultures qui les faisaient se différencier les uns des autres sont détruites et s'ils ne deviennent plus que des individus «afro», ils forment un groupe homogène, une masse qui partagerait les mêmes codes. Il n'y aurait alors plus de barrière entre un Afro-Américain, un Africain ou un Antillais, car tous évolueraient dans une sphère occidentale. Alors, les problèmes communautaires des uns deviennent ceux des autres, même si les personnes concernées ne vivent pas sur le même continent.

Cependant, il serait bon de remarquer que les combats des Noirs les plus pauvres ne sont jamais pris en considération. Les Sud-Américains d'origine africaine ont eu des causes, des luttes ou des traditions proches des nôtres, mais les associations s'en dissocient, car ces sud américains évoluent dans une sphère accablée par la pauvreté, or les associatifs aspirent au pouvoir. La stratégie transnationale porte ses fruits pour les associations noires, car les individus sont tous semblables et partagent les codes de la culture « afro », ce qui leur permet d'instaurer un système dans lequel le groupe noir le plus dominant, car riche et influent, dominera la masse communautaire.

À cette dernière on imposera les coutumes et les codes vestimentaires, capillaires, littéraires, musicaux, identitaires et la masse suivra. Les associations justifient le transnationalisme au sein de la communauté noire en raison de la différence raciale entre les Blancs (majoritaires) et les Noirs (minoritaires). Cette différence, qui est le fruit de l'Histoire, est source de crainte.

L'angoisse associée à la peur de l'oubli d'un groupe en forte minorité, enfoui au sein d'une masse blanche européenne majoritaire, est exploitée par les associations afin d'instaurer ce transnationalisme semblable au terrorisme culturel.

Les codes «noirs» sont imposés, et face à une domination blanche présentée comme hostile, les diasporants se concentrent sur les caractéristiques et sur leurs semblables, pensant naïvement préserver une unité inexistante, alors ils finissent par être ethnicisés en suivant le modèle américain. En effet, les États-Unis, modèle ultime pour les associatifs, ont créé de fausses ethnies en fonction des vagues migratoires. Le melting-pot est superficiel, car aucun groupe n'a préservé d'attache profonde avec sa terre d'origine, au contraire, ils ont nourri les codes les plus caricaturaux de ladite culture, à l'image des Italiens-Américains.

Lorsque les Italiens émigrent massivement à la fin du XIXe siècle, les individus ne se fréquentent qu'en fonction de leurs régions respectives : les Calabrais ne se lient pas d'amitié avec les Siciliens, ces derniers ignorent les Napolitains, méprisants à l'égard des Sardes, etc. Quelques fois, le « clanisme » est tel que les groupes ne se fréquentent qu'en fonction des villages ! Très vite, ces anciens migrants sont victimes de l'ethnicisation, grâce à l'intégration de leurs enfants.

163

Désormais trop âgés, ils ont échoué et ne sont pas parvenus à transmettre leur héritage régional unique. L'intégration de leurs enfants est donc bénéfique, car elle symbolise la naissance, l'émergence d'un peuple italien uni aux États-Unis. Comme nous l'avons compris, l'intégration dépasse les clivages ethniques et régionaux, mais cette identité italo-américaine est ethnicisée selon les critères, les stéréotypes et les codes américains véhiculés notamment par

Hollywood. Il est aujourd'hui possible de voir aux États-Unis de jeunes Italiens américains affirmer leur appartenance à la culture italienne non pas par la langue, l'histoire ou bien la musique, mais par le fait que les membres de la famille à laquelle ils appartiennent parlent fort! Ainsi, l'Italien des Amériques dans toute sa splendeur appartiendrait toujours à une grande famille, catholique, passionnée, se réunissant tous les dimanches autour d'une table remplie de *cannoli*[2] avant de terminer la soirée à la messe et de prier la Vierge! Dans le cas italien aux États-Unis ou dans le cas africain en France, l'appartenance se traduit par un attachement à la superficialité.

Alors, la culture «afrodescendante» n'est que le résultat du transnationalisme généré par l'ethnicisation des minorités françaises orchestrées par ces associations

---

2   [2]Dessert sicilien

«afrodescendantes». Le tout s'opère dans une vision manichéenne des rapports raciaux, soit celle d'une communauté noire opprimée par une majorité blanche présentée comme démoniaque. Les témoignages sont uniques et expriment de la plainte, car aucun leader associatif n'accorde un temps de parole à ces « Blancs» considérés comme «les enfants du diable», car tous qualifiés de racistes. L'homme blanc d'Europe expérimente le commencement de sa fin, il n'est plus et son racisme a disparu, car les institutions ne le lui permettent plus. Cependant, il est condamné à porter le malheur des autres criminels de l'Histoire qui cachent leur face au monde, bien que propageant un racisme plus cruel que celui du Blanc.

Les élites associatives noires de France passent la Traite Arabo-Musulmane sous silence. Or, la violence des Maghrébins envers les Noirs d'Afrique du Nord-est digne de la violence européenne sous le régime colonial. De même, les associatifs antiracistes refusent de dénoncer le racisme israélien envers les Juifs noirs par peur de représailles des lobbies israéliens en France qui les attaqueraient sans merci. En ce sens, les diasporants ont conscience de la mesure de la puissance, le but étant de frapper le plus faible. L'Européen n'effraie plus, car il a échoué aux yeux du monde depuis la fin de la Deuxième Guerre mondiale, il est « accablable ». Ce cirque satisfait les autres associations juives et maghrébines qui nourrissent l'antiracisme sans être pointées du doigt par les diasporants, bien trop apeurés et lâches. «Je m'octroie donc, autant de fois que je le désire, le droit de m'approprier les soucis d'une communauté qui me ressemble physiquement malgré nos origines ethniques et sociales diverses». Si l'élite noir Américaine décide de promouvoir la débauche, l'ultra capitalisme, le mépris, le racisme, la haine ou la vengeance, je dois, en tant que Français d'origine africaine, accepter, bien que l'initiative soit mauvaise, par solidarité envers mes frères noirs. Celui qui oserait sortir du carcan serait automatiquement combattu, parfois même censuré ou violemment attaqué par ses confrères, le Blanc étant l'ennemi ultime à combattre.

C) Micro-agressions

Si la défense culturelle est inutile, et si le transnationalisme est un compromis quant à l'absence de réels problèmes, alors nous pouvons affirmer avec force que le racisme, tel qu'il nous est présenté, n'existe pas. Cette absence explique donc la répression idéologique et sociale terrible orchestrée par les associations à l'encontre de l'individu qui oserait exprimer le fond de sa pensée, aussi

172

raciste soit-elle. Ainsi, cette répression judiciaire s'accompagne d'une certaine nouveauté caractérisée par une forte présence médiatique des leaders associatifs. La télévision, les réseaux sociaux ou la radio sont de puissants outils qui visent, dans un premier temps, à répandre la lutte contre le racisme qui est en réalité une succession de micro-agressions épisodiques et, enfin, à promouvoir une culture africaine représentée comme authentique, qui ne

173

l'est pas, mais est plutôt la conséquence du mondialisme culturel sur le continent noir. Comme nous l'avons révélé dans le point précédent, les associations créent des problèmes inexistants en générant du besoin. La violence raciale est façonnée de nouveau, car inexistante en France, et à présent l'objectif est de faire des micro-agressions épisodiques et minimes une nouvelle forme de racisme brutal. Celles-ci deviennent donc les armes fatales de cette génération diasporante privilégiée et

174

historiquement inexpérimentée, et témoignent d'un manque pour les leaders qui souhaiteraient souffrir davantage. L'exploitation de la colonisation traduit alors leur envie voire leur jalousie à l'égard des anciens colonisés qui possèdent le statut tant convoité, celui de la justification et de la légitimité de la plainte continuelle.

Or, l'Histoire nous a démontré que les victimes des plus grandes atrocités ne parlent pas. Les anciens colonisés ou les victimes des camps de concentration se murent dans le silence, mais leurs descendants, pris dans l'entre-deux, s'octroient le droit de se plaindre au nom de la souffrance communautaire et familiale. *« J'ai le droit de m'exprimer sur les camps, car mon arrière-arrière-grand-père a été déporté ! »*, *« J'ai le droit de parler de l'Esclavage, car je suis racisé »*. J'ai le droit de car [...] sans jamais avoir subi. On prétend se soucier de la souffrance des colonisés, tout en ayant conscience du bon prétexte qu'incarne la colonisation aux yeux du leader associatif. Qu'en est-il du supposé respect pour l'Afrique? Inexistant. La violence historique ouvre la voie à la dimension universelle de la souffrance, là où les micro-agressions la limitent, car ces dernières ne sont qu'occasionnelles et ne peuvent justifier ni légitimer une plainte continuelle. Une remarque anodine sur la chevelure crépue d'une jeune négresse est perçue comme du racisme institutionnel. Si cette négresse est complimentée par 30 individus sur sa chevelure, et qu'un seul autre se moque de sa texture, elle oubliera les 30 compliments et son attention se portera sur le racisme de l'individu qui ne trouve pas sa chevelure à son goût.

Si un Nègre prétend avoir un intérêt pour les Négresses à la peau claire, il subira les foudres de toutes les autres qui l'accableront et le qualifieront aussitôt de raciste.

Ainsi, les micro-agressions dites racistes ne favorisent en rien la justice, il s'agit en somme de piocher à sa guise afin d'exploiter l'élément microscopique qui nous mènera à la plainte.

Les associations et les diasporants nourrissent uniquement de la haine, de la vengeance et une souffrance inventées pour exister, car le trouble leur permet de renforcer leur pouvoir au cœur d'une société dans laquelle ils ne se reconnaissent pas, non pas en raison du facteur couleur, mais plutôt par caprice, fierté inutile, arrogance et obsession du progrès individuel, symbolisé par le rejet de l'acceptation de l'influence française.

Il n'est donc pas anodin de voir de jeunes diasporants s'approprier les causes afro-américaines pour se faire entendre et justifier un mal-être qui ne devrait pas exister. Le colorisme par exemple, soit la discrimination d'un individu selon la teinte de sa peau, a un regain de popularité auprès des jeunes femmes diasporantes se croyant exclues de la société, car trop foncées. Or, ce problème ne s'applique pas toujours aux Africains. Si certains rêvent d'une apparence plus claire, on ne peut en aucun cas parler de discrimination violente au sein des familles ou même des sociétés africaines. En effet, les Africains se définissent tout d'abord en fonction de leur appartenance ethnique ainsi que par leurs origines nationales, et non par la couleur de la peau. La teinte de peau peut être prise en compte en tant que facteur social. L'enjeu que représente le colorisme n'affecte pas les Africains, en revanche il est source de conflits pour les sociétés caribéennes qui, caractérisées par la condition post-esclavagiste, se rapprochent des sociétés afro-américaines. Cependant, les Africains des Caraïbes ne sont pas des Américains, et les conflits liés à leur condition unique ne peuvent être omis et survolés au profit des problématiques afro-américaines. Chaque peuple déporté possède sa propre expérience. Ces expériences peuvent se ressembler, mais elles ne seront jamais identiques. Récemment, les émeutes à Ferguson aux États-Unis ont été exploitées par certaines associations noires françaises, puis transposées à des thématiques concernant des cas minimes de bavure policière où de jeunes Africains avaient perdu la vie.

Or, ces rares cas sont utilisés pour propager un sensationnalisme que justifierait une montée du racisme inexistante, à l'image de *Ferguson in Paris* ou la *Marche pour la Dignité*. Les associations n'avancent aucun chiffre qui pourrait démontrer une certaine augmentation des bavures policières en France à l'encontre des Noirs. Combien d'entre eux sont contrôlés? Combien seraient injustement arrêtés? Combien seraient morts sous les coups des policiers? Dans quelles villes ces abus auraient-ils lieu? Aucune source chiffrée n'est avancée pour soutenir cette thèse de complot anti-noir en France. Alors, l'appropriation de la colère et des combats afro-américains sert à justifier cette haine des diasporants envers les autorités françaises. Mais comment prétendre défendre une cause, aussi noble qu'elle puisse être, sans en maîtriser les sujets, les chiffres et les données à la perfection? Ainsi, la couleur se substitue aux racines et devient source de revendication suprême. Puisqu'ils sont noirs, ils s'accordent le droit de défendre leurs causes en oubliant que la démarche ne s'opère que dans un seul sens.

D) Destruction de l'héritage culturel

L'inutile « retour aux sources »

Quant à la démarche vers un retour aux sources, nous savons qu'elle se veut sincère, cependant elle n'est jamais bien loin de la caricature, surtout si les diasporants croient naïvement porter l'Afrique avec fierté, car les parents ne transmettent plus la connaissance et l'héritage culturel du continent. La démarche, pourtant motivée par de bonnes intentions, s'avère réductrice.

Même si des entrepreneurs se sont élevés pour fonder des sociétés dans le monde audiovisuel, les chaînes culturelles proposées ne sont qu'une fenêtre superficielle qui ne représente pas la véritable civilisation africaine, si riche et diverse. Ces médias mensongers diffusent une culture africaine dénaturée et souillée. Que les musiciens soient

Ghanéens, Congolais, Togolais ou Éthiopiens, les musiques jouées sont les mêmes, les clips vidéos comportent les mêmes codes et la distinction culturelle propre à chaque nation disparaît.

En somme, il s'agit d'une idée africaine mondialisée qui varie en fonction du pays africain le plus en vogue. Ainsi, les parents des diasporants arrivés en Europe à partir des années 1980 n'y voient aucun inconvénient, car ils méprisent les connaissances africaines provenant des régions, les jugeant trop arriérées. Là se trouve le danger, car la réduction de la culture africaine favorise la caricature, puisque cette réduction signifie que la diaspora se prend à son propre piège. Son ignorance est telle qu'elle ne parvient pas à distinguer la bonne et la mauvaise culture, elle ne peut déterminer ce qui la représente le mieux, car elle ne sait rien. Ainsi, elle symbolise la complaisance de la diaspora dans la caricature. L'authenticité ne peut cohabiter avec le mondialisme qui dépouille toute structure et tout ordre. Or, si les diasporants avaient réellement conscience de leur identité africaine acquise, ils rejetteraient le mondialisme qui la porte au monde.

Mais ils ne dénoncent pas, car ils ne connaissent pas les régions, les coutumes et la véritable culture africaine variée et plurielle. Si nous prenons l'exemple de la musique africaine, nous constatons que le même schéma s'opère : seul un genre musical prime sur les autres et finit par s'exporter en Occident. Les diasporants s'étant autoproclamés « ambassadeurs de l'Afrique », affublés de boucles d'oreilles, de t-shirt et de colliers à l'effigie du continent, bien qu'ayant un mode de vie occidental qui corrompt les mœurs africaines, feront l'apologie des artistes abrutissants, de la musique superficielle et des paroles vaines portant sur le matérialisme.

Celles-ci seront accompagnées de danses saccadées d'une vulgarité sans nom et esquissées au rythme d'une chanson au message creux et aux paroles à caractère grivois. Cette musique improbable et vulgaire devient une source de revendication culturelle à part entière et de fierté confondue par les diasporants ignorants. C'est dans l'incapacité à choisir entre l'authenticité culturelle et l'Afrique mondialisée que le piège se referme. En effet, la fierté éprouvée à l'égard de la culture réductrice enferme les diasporants dans une image mensongère de la culture du continent et trompe l'opinion extérieure, soit celle des Français d'origine arabe, asiatique et dite de « souche », qui auront une vision faussée de l'Afrique et de sa culture, par la propre faute des diasporants !

Ils sont donc, par leur ignorance, leurs propres destructeurs intérieurs, mais surtout extérieurs ! Pour cette raison, les diasporants ont échoué et ne sont jamais parvenus à créer leur propre culture, car celle-ci ne peut se forger tant que les individus rejettent la rupture historique évidente. Si un homme refuse de se dépouiller de sa culture et d'accepter le pays d'accueil, en sachant qu'une part française se trouve en lui, il renie l'Histoire et son attitude s'apparenterait alors à une forme de folie. Cependant, il est bon de préciser que l'appréciation de la culture française ne signifie pas qu'il faille quémander l'attention des autres.

L'amour que les diasporants vouent à l'Afrique n'est pas sincère, car le continent n'est qu'un prétexte. Les spécificités ethniques étant brimées pour être réduites à une simple couleur de peau, les leaders de la diaspora promeuvent des idées qui ne respectent en rien les coutumes africaines. Le port de boucles d'oreilles, de bijoux ou de vêtements à l'effigie du continent ne peut être considéré comme un gage de sincérité. En effet, ces accessoires ne

196

garantissent pas que l'héritage culturel africain authentique est bien transmis aux enfants. La reconnaissance de la culture française serait une solution, une force et une stabilité considérables. Ainsi, l'utilisation de la peur et l'attrait pour la haine comme seul moyen de reconnaissance sont vains, car la vérité réside dans l'inutilité de la diaspora pour l'Afrique. Évoluant dans une sphère occidentale prospère, les diasporants sont atteints d'un complexe de supériorité vis-à-vis des Africains. Or, l'Afrique n'a nul besoin d'être délivrée par ces braves expatriés qui ne lui apportent rien; dépouillés, ils ont travesti les coutumes africaines traditionnelles. Ainsi, l'inconsistance ne peut nourrir les mœurs. La culture française, dans ses domaines variés, est concrète, ancienne, identifiable, consistante et riche. Faudrait-il substituer cette civilisation à la sous-culture «afro»? Le concret ne peut suppléer au vide. Il est alors impossible aux diasporants de développer leur propre culture sans apprendre à aimer la France. Ils sont dans l'entre-deux, mais tournés vers l'Europe, l'Afrique étant bien trop éloignée. S'ils veulent créer et développer leur propre identité culturelle pour influencer le monde, alors ils doivent prendre l'Europe comme point de repère afin de s'ouvrir aux autres cultures et non l'inverse, si désireux de développer une culture. Les associations noires omettent de préciser que, malgré la violence quotidienne subie par les Afro-Américains, ces derniers se définissent tout d'abord comme des Américains à part entière, puis noirs d'origine africaine, et non l'inverse, n'ayant plus aucun contact avec le continent d'origine. Si la diaspora désire embrasser son héritage français, elle doit avoir un modèle.

Cela impliquerait que les Français dits de «souche» revendiquent, protègent et fortifient leur héritage! Le mépris associatif pour la France s'exprime pour une raison bien précise : elle a chuté aux yeux du monde. La politique est en partie la cause de l'attirance des associations pour les États-Unis. L'Europe de l'Ouest n'est plus que l'ombre d'elle-même depuis la fin de la Deuxième Guerre mondiale, car elle est financièrement et militairement alliée aux États-Unis. En ce sens, le modèle afro-américain ne s'explique pas seulement par la couleur, puisqu'ils ne partagent pas la même expérience que nous ; il s'agit tout simplement d'une question d'influence. En revanche, les Afro-Américains ont des porte-paroles influents et possèdent également l'avantage d'évoluer dans le pays le plus puissant de la planète. Il faudrait que les autochtones usent de la peur comme le font les associations communautaires, car la crainte met un terme au mépris, revalorise la culture et la fierté d'être Français. Les associations jouissent de leur impunité, car elles manient l'art de l'effroi. Par conséquent, le mépris envers la nation doit être hautement réprimandé, afin que les minorités prennent conscience de la puissance du pays dans lequel elles se trouvent.

Tant que les Français ne feront pas front, tant qu'ils ne seront pas craints, alors ils ne cesseront d'être dénigrés. La puissance française ne peut prendre effet que si les autochtones renoncent à se tourner vers les autres, entreprennent le travail nécessaire pour revaloriser les traditions, sans se soucier du temps et de l'époque, sans se travestir, sans se compromettre. Cette violence tournée vers ceux qui maintiennent les Français autochtones sous pression ne serait finalement pas acceptable et considérée comme du fascisme, car orchestrée par des Blancs.

E) Ces parents coupables du «Génocide Culturel»

La langue demeure problématique. Là encore, les parents diasporants ont failli et tué l'héritage authentique. En effet, la majorité des parents arrivés au cours des deuxième et troisième vagues proviennent des capitales africaines, tournées vers l'Europe et les États-Unis. La transmission de l'héritage africain est corrompue dès lors qu'elle relève d'un mélange culturel abject des capitales influencées par l'extérieur. Ces parents ont eux aussi fait face à d'autres flux migratoires avant de migrer vers l'Europe. Produits de l'exode rural africain, nés et ayant grandi dans les grandes villes, ils sont responsables du rejet de la culture intérieure de leurs géniteurs, méprisés et qualifiés de «villageois». Coupables, ils perpétuent un génocide linguistique en privilégiant la langue de la capitale, en favorisant uniquement la musique des grandes villes, contribuant ainsi à la perdition de la diaspora, car ceux qui savent se taisent. Pour cette raison, les diasporants ont échoué et n'ont jamais réussi à créer leur propre culture, car celle-ci ne peut se forger et l'identité africaine en France ne peut se développer si les individus rejettent la rupture. Le rejet du dépouillement et l'acceptation du pays d'accueil seraient semblables à une forme de folie, car une part de la France se trouve en nous. Cependant, accepter et apprécier la culture française qui est la nôtre ne signifie pas que les diasporants doivent quémander l'amour des autres. De plus, l'amour qu'ils vouent à l'Afrique n'est pas réel, car le continent noir n'est qu'un prétexte. Tout n'est qu'une question d'argent et non de race. Le vrai racisme se trouve dans ces milieux communautaires et non auprès des petites gens de la vie quotidienne. Ainsi, les associations sont prises à leur propre piège.

En effet, comme nous venons de l'expliquer, l'Afrique n'est qu'un prétexte destiné à justifier la revendication outrancière. Cependant, l'attrait que le continent suscite est limité en raison de la pauvreté économique qui permet tout de même de justifier la revendication outrancière. En ce sens, les associations noires peinent à solliciter l'intérêt des lobbies blancs. Alors, elles tentent d'en séduire d'autres, plus influents, prétendant défendre leur cause en plus de l'antiracisme, à l'image des lobbies LGBT. Néanmoins, la stratégie se retourne contre elles, car les dirigeants sont Africains et n'intéressent pas les autres qui se refusent à prendre le moindre risque en s'associant à des causes africaines qui ne les concernent pas, en raison du facteur couleur trop souvent associé à la pauvreté.

V. Maudit Bonheur

Les antiracistes et anticolonialistes associatifs jouissent d'une visibilité grâce à leur couleur noire. Or, les Irlandais, les Siciliens ou les Napolitains disparaissent en raison de leur origine européenne. Le blanc ne peut pas souffrir, mais il doit continuer à payer pour les autres. Qu'a donc apporté la Marche pour l'Égalité? Si nous parlons d'égalité alors toutes les injustices doivent être défendues. Le problème colonial a fait de la couleur blanche une couleur apparentée à l'invisibilité, là où la noire devient celle de l'expression de la colère et de la présence médiatique constante.

Mais la violence et la peur causées chez les autres sont un piège qui se referme sur les leaders des associations noires de France. En effet, dans cette optique, le colon blanc que l'on croit combattre en élevant la voix est l'ultime vainqueur, car le point de discorde débute à l'esclavage et se poursuit jusqu'à la colonisation. En faisant de ces deux événements historiques cruels les sources de leur colère, les diasporants ignorent qu'ils partagent la même vision historique de l'Afrique que les autorités coloniales, à savoir celle d'un continent à l'histoire réduite débutant dans le malheur et le chaos.

Ainsi, le leader associatif et le colon brillent tous deux par leur égocentrisme et considèrent que l'histoire des autres, des vôtres, des nôtres ne peut avoir de sens et de valeur sans eux. Elle débute là où ils la jugent importante. Ainsi, c'est par cet égocentrisme que l'emprise grandit. En effet, un homme devient ce qu'il croit être. Comment espérer que la diaspora prospère si la vision de son histoire est réduite au malheur ? Toutes les autres civilisations ont eu droit à des périodes de bonheur et de malheur, mais en ce qui concerne l'Afrique, le monde se souvient uniquement de la souffrance et non de la gloire, car la grandeur élève les esprits et le malheur limite.

Les colons et les associatifs cachent le passé glorieux, car ils savent que la connaissance mène à l'émancipation, à la libération. La question n'est pas de nier l'impact de l'esclavage et de la période coloniale, au contraire, que devons-nous faire de cette culture africaine plurimillénaire qui inspira l'Europe, l'Asie et l'Amérique du Sud ? Que faire de ces empires, de ces royaumes africains centraux datant du douzième siècle, si riches, si puissants ? Que faire des inventions, des avancées, de la puissance militaire, de la culture ? La gloire et la grandeur sont un frein à la quête d'asservissement spirituelle des associations à l'encontre des diasporants qui acceptent par lâcheté.

La prise en compte d'un passé glorieux signera la fin de l'emprise des associations, car les membres partiront, et qui demeurera à leurs côtés, pour servir leurs causes futiles? Ils ne pourront donc plus user des facteurs «peur» et «haine» afin de garder les leurs près d'eux, car l'Histoire démontrera qu'à un moment précis, tout allait bien.

L'Histoire du monde commence là où ils décident, elle s'arrête là où ils choisissent.

Si le combat anticolonial était sincère, alors les associations ne se focaliseraient pas uniquement sur le sort des Africains, car si nous savons que les Européens exploitent l'Afrique, il faut alors comprendre qu'ils ont aussi abusé des leurs. Ainsi, le combat contre la colonisation ne peut se réduire au sort de l'Afrique, au contraire, il s'applique au monde entier.

Une fois encore, les associations antiracistes affirment lutter contre le racisme, soit la hiérarchisation des races basée sur la couleur, mais celles-ci jouent du racisme afin d'influencer les autres dans leur raisonnement. Ainsi, l'exclusivité de la colonisation ne reviendrait qu'aux noirs, parce qu'ils seraient les seules victimes de l'oppression blanche en raison de leur couleur noire.

Or, la colonisation est universelle. Alors, l'oppression du Blanc vers le Blanc est rejetée en raison de la couleur de ces derniers. Le Blanc, associé à l'oppresseur, ne peut être opprimé.

Cependant, la colonisation relève principalement de l'argent, du capitalisme et non de la race. Les Maures n'ont-ils pas colonisé l'Europe durant des siècles avant d'être chassés en 1492 ? La domination de ces derniers en Europe s'explique par leur puissance politique et économique. En ce sens, nous pouvons nous demander à quoi bon restreindre la quête. Les pygmées, méprisés et maltraités jusqu'à ce jour, n'ont-ils pas été envahis par les peuples africains de grande taille venus de l'Est, de l'Ouest et du Nord de l'Afrique? Pourtant, les associations africaines de France ne s'élèvent pas contre ces injustices, par mauvaise foi. Si elles dénoncent ces faits, alors la cause africaine devient universelle et les associations souhaitent que la souffrance africaine soit au-dessus des autres. L'Histoire ne se réduit donc pas à des facteurs de race, mais plutôt à des paramètres économiques, car celui qui détient et possède, domine. La race, quant à elle, n'est qu'une cause à laquelle s'ajoute la misère de l'autre. Le dénigrement dont les Africains ont été victimes visait à les humilier davantage afin qu'ils ne cherchent pas à se révolter contre le système qui favorisait les Blancs.

VI. Rendez à César

Aux origines diverses des immigrés s'ajoute le problème du rapport à la France. Jusqu'ici la perception et l'identité du diasporant, comme nous l'avons expliqué, se sont construites uniquement sur des facteurs extérieurs et non sur le développement identitaire qui émanerait du « soi ». L'amour de la Nation est donc vécu comme une honte et un tabou pour celui qui l'exprime. L'assimilation perçue comme du racisme étatique à l'encontre des minorités de la race est utilisée comme arguments pour justifier une supposée contradiction identitaire : *c'est à cause de votre négritude que vous ne pouvez pas aimer la France, ce pays à majorité blanche qui vous rejette.* Or, il s'agit d'une conception dangereuse, car elle mène à l'auto-exclusion de la communauté qui laisse également place à une vision irréelle de la vie en société où les individus « colorés » s'enfermeraient sans ne jamais plus pouvoir en sortir. C'est en se focalisant sur la couleur que les associations noires nous maintiennent dans la peur et l'exclusion, tout en nous présentant l'extérieur comme un danger, car contrôlé par des Blancs. Or, ces leaders associatifs ne demeurent jamais dans cet isolement auquel les diasporants sont assujettis, car ils jouissent de bénéfices, de visibilité et de bons salaires attribués par cet extérieur contrôlé par les Blancs qu'ils ne cessent d'attaquer. Le diasporant, face à l'auto-exclusion, est donc pris au piège, car condamné à exister en groupe. Il est conditionné pour recevoir et attendre qu'un représentant associatif parle à sa place. C'est donc le bien de la communauté et elle seule qui prime, et non l'individu apeuré par l'extérieur qu'il découvre à travers le prisme associatif. Les plus grandes figures de la lutte antiraciste du XXIe siècle jouissent toutes de ces avantages et d'une certaine promotion.

N'est-ce donc pas ironique d'admirer cette pléiade de jeunes «afro-descendants», d'écouter leurs plaintes incessantes causées par un racisme irréel alors qu'ils sont des journalistes extrêmement bien rémunérés et opérants au sein des plus grandes chaînes radiophoniques et télévisées nationales?

Cette dichotomie ne fait qu'appuyer l'hypocrisie et le vice de ces représentants, adeptes de la transposition de la souffrance de l'autre, en quête de valorisation de leur égo par l'exploitation de la cause antiraciste inexistante qui leur garantit une longévité dans le monde audiovisuel français.

En ce sens, la parole attribuée aux descendants de migrants est unique. Les témoignages ne sont que jérémiades et lamentations interminables sur la trop grande souffrance, sur le supposé racisme violent dont les noirs seraient victimes en France. Puis, les personnes interrogées proviennent toujours de la région parisienne, plus précisément des banlieues, là où les descendants d'immigrés de deuxième et troisième générations sont jeunes, socialement exclus, victimes de la pauvreté et de la stagnation. C'est là, dans cette région, que les associations puisent leur force, en raison de la hausse plaintive qui n'a cessé de croître au cours des quarante dernières années. Ces témoignages visent à promouvoir la propagande antiraciste improbable imposée depuis les années François Mitterrand. Ainsi, le droit de parole attribué aux diasporants par les chaînes françaises n'est pas représentatif de la pluralité des témoignages qui existent en vérité. Si le débat était ouvert et si les Français d'origine africaine du territoire entier étaient interrogés, alors le malheur et la tragédie de l'expérience migratoire africaine en France n'auraient plus lieu d'être et la stratégie tomberait à l'eau. Ainsi, tout est mis en place afin que l'on ne vous dise pas que tout va bien. Si nous allons bien et si le supposé racisme ne s'avère pas être quotidien, mais plutôt épisodique, alors comment justifier la plainte? Si la plainte n'existe pas, alors nous pouvons nous intégrer et devenir des Français à part entière. Si des solutions devaient être apportées afin que les diasporants évoluent dans de meilleures conditions, il faudrait tout d'abord qu'ils le décident eux-mêmes, car aucun être humain ne devrait se voir condamné à porter le fardeau de tous les autres. La véritable solution provient du cœur de la diaspora. C'est en s'appuyant sur l'exemple des descendants des « pionniers » que les immigrés des deuxième et troisième vagues deviendront des Français à part entière.

Ces descendants des premiers Africains arrivés entre 1940 et la fin des années 1960, sont présents, disséminés, évoluent dans leur sphère et ne côtoient pas les migrants arrivés massivement dans les années 1970. Accusés d'être « plus blancs que les Blancs » et perçus comme des traîtres de la communauté noire, ils se heurtent au bruit des associatifs et des diasporants des deux dernières vagues qui se sont approprié l'expérience migratoire en vue de détruire l'héritage français traditionnel par le biais de l'antiracisme, du métissage forcé ou bien des menaces judiciaires successives. Cependant, cette appropriation de l'histoire migratoire vise également à étouffer la prolifération des enfants des premiers arrivés, à les tuer médiatiquement et socialement, car ces derniers incarnent à eux seuls la réussite matérielle, professionnelle, éducative et culturelle : ils sont des concurrents à bannir et à exclure à tout prix.

Les associatifs sont jaloux de la condition privilégiée de ces Français d'origine africaine à l'intégration réussie. Ces fils de «pionniers», par réaction et fierté, refusent de s'associer aux descendants des nouveaux arrivants pour des raisons que nous expliquerons plus loin. Moins nombreux ou cachés, la parole ne leur est pas donnée et sur eux s'abat le poids de la culpabilité, car ils ont accepté leur sort, se sont assimilés et ont appris à dominer l'extérieur qui ne les effraie pas. Pourtant, ces derniers regorgent de témoignages profonds grâce à leur ancienneté sur le sol français et leur double héritage authentique africain et européen. Fruits de l'Histoire, ils savent que le lien vers l'Afrique est quasi rompu, mais ils évoluent sûrement et fièrement entre leur double héritage. Les leaders communautaires prétendent défendre la communauté noire tout en rejetant ceux et celles qui auraient une condition sociale supérieure à la leur, se distinguant par leur expérience. Ceux-ci sont victimes de rejet et de censure puisqu'ils ne peuvent pas justifier la plainte. Quel est donc l'intérêt des associations à lutter contre la colonisation? En effet, la colonisation ne permet pas à un peuple autochtone d'être souverain. Or, les associations antiracistes ne respectent pas le principe de souveraineté là où elles évoluent, car elles ont empêché une génération d'immigrés de s'intégrer en présentant l'assimilation comme un crime de lèse-majesté. Les plus grands leaders panafricains ne se sont-ils pas sacrifiés pour l'amour de la patrie? La préservation culturelle, nationale et la protection géographique d'un pays sont des facteurs inhérents à la force d'un peuple. Aimer son pays et ses semblables n'est pas un crime, au contraire, cet amour relève de la force, de la puissance et de la logique. La couleur d'un individu ne peut être un prétexte qui pourrait justifier le rejet de la France tout simplement par l'Histoire qui décide de notre sort et par le simple fait que les leaders diasporants n'appliquent pas ce qu'ils prêchent, vouent une haine à la France tout en maintenant les

238

diasporants dans l'isolement et la victimisation, mais en profitant des bénéfices avantageux des médias blancs dominants afin de s'exposer et de valoriser leur égo. Tel est le problème de l'expérience migratoire. Récupérée par les associations qui y voient un moyen de justifier le mal-être des individus, elle nous révèle que les immigrés ne sont et ne seront jamais égaux. Tout d'abord, cette expérience n'est pas unique, mais plurielle, récente, mais aussi ancienne, comme nous l'avons précédemment mentionné. Elle est française, suisse ou parfois belge. En ce sens, elle se complique en fonction de chaque famille et de chaque génération et ne peut être expliquée globalement, car elle relève du cas par cas. En effet, que faire lorsque des familles issues de la troisième génération établies en Belgique décident de migrer en France pour des raisons professionnelles? Leur condition ne serait-elle pas unique? Ne demanderait-elle pas notre attention?

Puis, les immigrés diffèrent par leur statut social, car tous les Africains ne sont pas issus de la pauvreté en Afrique. Les immigrés pionniers, par exemple, migraient afin de poursuivre leurs études. Issus de milieux aisés, ces hommes étaient des intellectuels, éduqués, qui envisageaient d'étudier en Europe pour une période limitée avant de repartir dans le pays d'origine. Cependant, tous ne sont pas rentrés. Certains, venus accompagnés de leur femme et leurs enfants, ont décidé de vivre en Europe, brisant le lien avec l'Afrique. Lettrés, ces hommes ne fréquentaient pas les immigrés plus pauvres et n'évoluaient qu'entre eux. Malgré le racisme de la société européenne postcoloniale, ces pionniers ont secrètement formé une bourgeoisie africaine en Europe. Or, leur expérience et surtout celle de leurs enfants est ignorée par les associations noires. Enfin, la simple mention de l'existence de ces bourgeois africains ne peut être porteuse. Il faut donc noyer leur histoire dans un flot de migrations tragiques afin de justifier la plainte. À quoi bon faire part de ces gens qui incarnent la stabilité, la réussite, l'assimilation? Incompris et rejetés par les associations qui refusent de les mettre en lumière, ces immigrés de troisième et quatrième génération refusent de fréquenter les autres, car le rejet du plus pauvre est un acte de résistance, d'existence, soit une révolte quant au refus de l'expérience individualiste au profit de la majorité corrompue et plaintive. L'histoire individuelle des uns ne peut être oubliée et réduite à la majorité.

L'ethnicisation ne laisse donc aucune place à l'expérience unique. Ces différences doivent donc être basées sur la condition sociale des immigrés, de leurs origines ethniques et de l'époque. Il faudrait donc se poser les questions suivantes qui nous permettraient de voir à

quel point les divergences sont
importantes parmi les immigrés. À quelle
origine sociale appartiennent-ils? Sont-ils
issus de la classe aisée? Sont-ils des
bourgeois africains? Ont-ils évolué dans
les provinces ou dans les capitales
africaines avant le départ? Quelles
langues parlent-ils? À quelle ethnie
appartiennent-ils? En quoi l'histoire
migratoire française serait-elle similaire à
l'histoire des immigrés de Belgique?

Leur expérience n'intéresse pas les associations noires qui s'obstinent à réduire la vie migratoire à celle de la troisième vague soit celle des migrants réfugiés politiques qui ne possèdent pas de statut social. Provenant essentiellement de Kinshasa, ils se distinguent des migrants venus plus tôt, car ils sont originaires des régions de l'intérieur. Ces provinciaux sont parvenus à préserver les langues des régions afin de les transmettre à leurs enfants, soit la deuxième génération d'immigrés. Les autres, arrivés dans les années 1980, rejettent les origines régionales de leurs parents jugées trop Àvieilles, comme nous l'avons évoqué dans les chapitres précédents et ainsi, leur culture africaine n'est pas authentique, car elle provient de la capitale. À ce stade, la richesse culturelle se réduit et les langues transmises ne sont plus plurielles. On ne transmet plus le tshiluba, le swahili, le kibemba ou le kikongo, mais plutôt le lingala de Kinshasa. La deuxième génération, plus jeune, est donc partagée entre la culture européenne déjà mondialisée et une fausse culture traditionnelle africaine qui provient de la capitale et non de la région.

Contrairement à ce que l'on peut croire, les descendants des pionniers, bien qu'ayant quitté l'Afrique tôt, ne sont pas coupables de la disparition culturelle du continent. Au contraire, ils sont les seuls à avoir préservé la culture de l'intérieur, que nous transmettrons à nos enfants et nos petits-enfants. Le contact avec l'Afrique est certes rompu, mais le lien est tout de même plus authentique, car il renvoie les individus à l'intérieur. Les parents des immigrés de la deuxième et troisième vague ont souvent transmis les traditions de l'intérieur du pays à leurs aînés, puis ont migré vers la capitale pour y chercher de l'emploi. Là, les aînés, honteux de la culture traditionnelle jugée obsolète, la rejettent et se conforment à celle de la capitale.

Une fois partis vers l'Europe, ils n'évoluent qu'entre communautaires, dans la même région, celle des banlieues de Paris où les mêmes codes dominent. Ainsi, leurs enfants grandissent dans un environnement où la France est reléguée au deuxième plan, et ils évolueront entre la culture mondialisée des capitales africaines et la culture américanisée de la région parisienne. Les parents issus de cette vague tuent l'héritage africain, car ils ne savent plus et transmettent exclusivement la culture des grandes villes.

Or, cette dernière n'est pas authentique, car elle est souvent influencée par l'extérieur. C'est dans les régions que l'âme du peuple vit. Ainsi, ces oppositions marquent le paradoxe des associations noires qui ne peuvent légitimer les causes

immigrées, tant elles sont variées,
multiples et en aucun cas interposables ou
interchangeables.

Conclusion

Cette arrivée massive dans les années 1970 a causé la perte du prestige propre aux pionniers, car les intellectuels ont été noyés dans une masse de travailleurs africains pauvres et peu qualifiés. En ce sens, le facteur couleur les réduit tous à la pauvreté sociale et intellectuelle des derniers arrivés. L'expérience individuelle et prestigieuse est à présent omise au profit d'une histoire groupée. Voilà une triste fin, rassurante pour les partisans de l'immigration massive qui voient en cette élite africaine bourgeoise des concurrents dangereux, en raison de leur parfaite assimilation et de leur excellence académique. Si les pionniers sont une richesse pour le pays dans lequel ils évoluent, ils sont un potentiel danger face aux mauvaises intentions du parti socialiste, car les intellectuels africains pensent, ils sont parvenus à préserver les deux héritages et peuvent alors poser

254

problème en démasquant le désir des socialistes qui cherchent en ces minorités un point d'appui en vue de remporter les élections, alors que les pionniers peuvent facilement voter à droite en raison du conservatisme. L'immigration massive est donc une chance inespérée pour le parti socialiste qui trouve le moyen de contrer la prolifération de penseurs africains, qui ruineraient tous leurs efforts.

C'est au sein des descendants d'immigrés de la deuxième vague que le parti socialiste promeut la plainte tout en maintenant les diasporants dans le retard, dans l'isolement, dans une sous-culture dégradante, mais surtout dans l'attente. Ainsi, les diasporants des deux dernières vagues posent problème, car ils retardent l'avancée des premiers arrivés en ternissant leur image. Ils sont un handicap. Si vous jugez ma parole et que vous la considérez comme violente et fausse, sachez que l'expérience, elle, m'appuie. Les réseaux sociaux ont laissé place à une recrudescence de plateformes destinées à promouvoir les nouveaux exemples «blacks» et «afro» du XXIe siècle en France. Ces sites visent à combler un retard, une souffrance éprouvée par les diasporants franciliens. Puisqu'ils n'ont jamais possédé, ils commencent tout juste à émerger, à bâtir, à construire, à créer. Toute invention relève de l'exploit pour ces «blacks» au parcours social désastreux. Les pionniers sont et les autres tentent de se convaincre. Alors, si un jeune diasporant francilien décide de fonder sa propre entreprise, il suscite de l'engouement et de l'admiration. En agissant ainsi, les diasporants nient leur condition déplorable et ont pour seules voies de réussite la musique et le football. Il n'y a donc aucune solution pour eux.

Certains deviendront avocats, juges ou médecins, mais ils n'obtiendront jamais le statut social des pionniers africains bourgeois, car malgré leurs diplômes, ils resteront marqués à jamais par leur environnement banlieusard. Ils constitueront alors une élite de musiciens, de médecins, de docteurs, ayant tous pour lien la pauvreté et le handicap. Pour nous autres pionniers, nous nous devons de reprendre l'histoire migratoire, de nous révéler au monde afin de faire part de

notre existence, sinon, nous disparaissons
dans le silence.

ARTICLES

MINUCCI, Emanuela, *Torino si arrende « Il cranio del brigante ritorni in Calabria »*, La Stampa Torino, 15 janvier 2013 http://www.lastampa.it/2013/01/15/cron aca/torino-si-arrende-il-cranio-del-brigante-ritorni-in-calabria-O6CuQcFPAEcSGYQQjS653O/pagina.html [consulté le 5.10.2015]

PEROSINO, Monica, *Lombroso razzista e il sud scende in piazza*, La Stampa Torino, 3 janvier 2010 http://www.lastampa.it/2010/01/03/cronaca/lombroso-razzista-e-il-sud-scende-in-piazza-FqkGBXHkop6N79N4uDybKO/pagina.html [consulté le 10.10.2015]

BIBLIOGRAPHIE

ALIANELLO, Carlo, *La Conquista del Sud, Edizioni Saggi*, Rusconi, 1st edition 1994, p.113

BIASE, De Erminio, *L'Inghilterra Contro Il Regno Delle Due Sicilie,Vivi e Lascia Morire*, Edizioni
Controcorrente, 2002, p.68

FIORE, Gigi Di, Controstoria Dell'Unità d'Italia:Fatti e Misfatti del Risorgimento,

Edizioni Biblioteca Università Rizzoli,2010,
p.259

NITTI, Francesco Saverio, *L'Italia All'alba
Del Secolo XX : Discorsi Ai Giovani d'Italia*,
Casa Editrice Nazionale Roux e Viarengo,
1901 pp.120-138

OUVRAGES CONSULTES

APRILE, Pino, Terroni, Editions Ilica, 2010

DE SAINT-VICTOR, Jacques, *Un Pouvoir Invisible : Les Mafias et la Société Démocratique*, Editions Gallimard, 2012

DE SAINT-VICTOR, Jacques, Mafias, *L'Industrie de la Peur*, Editions Gallimard, 2012